"Il Segreto dell'Attrazione nella coppia"

Scopri il segreto dell'Attrazione, dell'Innamoramento e della Scelta del partner.

di

Erio Maffi

Informazione sul copyright.

Tutti i diritti sono riservati a norma di legge. Nessuna parte di questo libro può essere riprodotta con alcun mezzo senza l'autorizazione sritta dell'Autore e dell'Editore.

È espressamente vietato trasmettere ad altri il presente libro, né in formato cartaceo nè elettronico, nè per denaro, nè a titolo gratuito.

L'autore potrà concedere a pagamento l'autorizzazione a riprodurre una porzione non superiore a un quindicesimo del presente volume. Le richieste vanno inoltrate al seguente indirizzo e-mail: eriomaffi@email.it

No part of this pubblication may be reproduced, stored in a retrieval system, or trasmitted ina any form or by any means, electronic, mechanicals, photocopyng, recording, scanning, or otherwise, except as permitted by the law of UE and USA.

"Il Segreto dell'Attrazione nella coppia"

Scopri il segreto dell'attrazione, dell'innamoramento e della scelta del partner.

Disclaimer.

Le strategie riportate in questo libro sono frutto di anni di studi e specializzazioni, quindi non è garantito il raggiungimento dei medesimi risultati di crescita personale o professionale.

Il lettore si assume la piena responsabilità delle proprie scelte, consapevole dei rischi connessi a qualsiasi forma di esercizio. Il libro ha esclusivamente scopo formativo e non sostituisce alcun tipo di trattamento medico, psicologico o psicoterapeutico. Se sospetti o sei a conoscenza di avere dei problemi o disturbi fisici o psicologici dovrai affidarti a un appropriato trattamento medico o psicoterapeutico.

Autore: Erio Maffi

Copyright: © 2010 Erio Maffi

Lingua: Italian

Paese: Italy

Edizione: Prima edisione - Lulu 2010

Pagine: 2 b/w

Siti dove puoi trovare questo libro sono i seguenti:

www.coppiaviva.it

www.coppiaincrisi.it

www.legge-attrazione.it

www.prodottiinformativi.com

"Il Segreto dell'Attrazione nella coppia"

Scopri il segreto dell'attrazione, dell'innamoramento e della scelta del partner.

Sommario:

"Il Segreto dell'Attrazione nella coppia"

Scopri il segreto dell'attrazione, dell'innamoramento e della scelta del partner.

Come e perché leggere e usare questo libro.

Sei sdraiato, nell'oscurità, accanto alla donna che ami. Capisci, dal ritmo del suo respiro, che sta dormendo. Guardi attentamente il suo viso e t'interroghi sul futuro del vostro rapporto di coppia. Sai che lei desidera sposarti. Tu sei stato fortemente attratto da lei e ti sei innamorato. Non riesci a immaginare la tua vita senza di lei, ma l'idea del matrimonio ti fa molta paura.

Ti domandi: *Perché scegliere proprio lei? Come posso essere sicuro, che sia proprio lei la persona adatta a me? Che cosa succederebbe se dovessi scoprire, in seguito, che esiste un'altra donna che m'attrae di più?*

Stai mangiando una pizza, davanti al televisore, con tuo marito. State guardando un film d'amore ed è il primo momento della settimana in cui siete soli. Guardi tuo marito mentre se ne sta lì, seduto sul divano, assorto una scena d'amore. Ti sembra difficile credere di essere sposata con lui già da sette anni. Nonostante non hai mai sofferto grossi problemi con lui, ti chiedi se hai fatto veramente la scelta giusta. Certo, gli vuoi bene, ma non ti senti più innamorata come all'inizio del vostro rapporto.

Ti domandi: *Perché mi sono sentita attratta proprio da lui? Sono soddisfatta del nostro rapporto? Perché ho scelto proprio lui? È veramente lui il mio uomo ideale?*

Sei nello studio dell'avvocato e stai guardando i documenti per il divorzio. Una volta firmati, il tuo matrimonio sarà ufficialmente cancellato. Prima di firmare hai un'esitazione e i ricordi si affollano nella tua mente: il primo bacio, la decisione di sposarti, il giorno delle nozze, l'impegno nel mettere su casa, la nascita di vostro figlio, le speranze, i sogni, i progetti per il futuro. Allora credevi che lui fosse la persona ideale per te...

Adesso, però, mentre stai per firmare la fine della vostra unione, ti domandi: *Perché non l'ho capito prima? Perché ho fatto una scelta sbagliata? Come avrei potuto comprendere prima che questo rapporto non sarebbe durato?*

Sentirsi attratti e innamorati di una persona e sceglierla per vivere con lei un rapporto di coppia, sono esperienze molto importanti della propria vita. All'inizio di un rapporto, ogni bacio, ogni parola, ogni gesto, sembra unico e perfetto. Ben presto, però, l'attrazione e l'innamoramento si trasformano in una relazione concreta e siamo riportati a terra, ad affrontare la realtà della quotidiana convivenza con un altro essere umano.

Mentre le prime magiche settimane diventano mesi, un bel giorno ti sorprendi a chiederti:

Perché ho provato attrazione per questa persona? Perché mi sono innamorato di lui o lei? Perché ho scelto proprio lui o lei? Ma è davvero lui o lei la persona giusta per me?

8

Tutti coloro che si sono impegnati in un rapporto di coppia arrivano, prima o poi, a porsi queste domande. Le risposte a queste domande sono fondamentali, quando stai per formare un rapporto di coppia, o devi decidere se sposarti, oppure no. Queste risposte sono altrettanto importanti, quando senti che il rapporto, che hai creato, è insoddisfacente e non funziona e vuoi decidere se terminarlo, oppure no.

Te lo prometto: con questo libro scoprirai, in poco tempo, perché hai attratto proprio la persona con cui stai ora. Comprenderai le ragioni principali del vostro innamoramento (e se c'è stato un vero innamoramento reciproco), perché hai scelto proprio lui o lei come partner e perché l'attrazione tra di voi è calata, oppure è terminata del tutto.

Ma la cosa più importante è che comprenderai se lui o lei è la persona giusta per te e se il vostro rapporto ha prospettive di sviluppo, oppure no!

Molte persone, di cui parlo in questo libro, hanno usato questo metodo per comprendere se la persona attirata è davvero quella adeguata, oppure no. Anche tu puoi farlo.

"Il Segreto dell'Attrazione nella coppia"

È un testo chiaro, sintetico, pieno di esempi concreti, di esercizi pratici. Questo testo ti offre risultati rapidi per la creazione di una relazione di coppia viva, soddisfacente e duratura.

Con questo libro puoi scoprire anche tu qual è il segreto dell'attrazione, dell'innamoramento e della scelta del partner.

Questo libro ti aiuterà a scoprire come attrarre e mantenere una relazione di coppia viva, soddisfacente e duratura.

Questo libro ti sarà molto utile se:

- Desideri attrarre la persona ideale per te?

- Vuoi comprendere perché la tua relazione precedente è fallita?

- Desideri superare la tua indecisione rispetto a un ulteriore impegno (convivenza o matrimonio) con la persona con cui stai ora?

- Vuoi superare la crisi che sta vivendo il tuo rapporto di coppia, comprendendone le cause?

Se non hai ancora realizzato un buon rapporto di coppia vuol dire che, molto probabilmente, hai dentro di te alcune convinzioni limitanti che ti bloccano, senza che tu ne conosca il motivo. Questo è molto frequente nei giorni nostri e, in questo libro, scoprirai il perché.

Attenzione, però: potresti pensare che le cose si metteranno a posto da sole, ma così non è! Più rimandi un'iniziativa da parte tua e più ti allontani dalla realizzazione di un buon rapporto di coppia.

In questo libro ti mostro come capovolgere totalmente la tua situazione. Il mio intento è aiutarti a superare le credenze che ti bloccano nella realizzazione di un buon rapporto di coppia, attraverso il connubio tra la **Legge di Attrazione e le Leggi psicologiche.**

Finalmente, la Legge di Attrazione si sta diffondendo grazie al libro e al film "The Secret" di Rhonda Byrne, ai lavori di Ester e Jerry

Hicks, di Wayne Dyer e molti altri importanti autori. Tutto questo è molto positivo.

Dobbiamo, però, rendere sempre più chiara e praticabile la Legge di Attrazione. Quello che ti offro, in questo libro, è un metodo che integra la Legge di attrazione con alcune recenti scoperte nel campo della Psicologia.

Credo che l'utilizzo della Legge di Attrazione diventi più efficace integrandolo con alcune recenti scoperte della Psicologia. Questa integrazione è particolarmente utile per migliorare i rapporti di coppia.

In questo libro ti presento, in particolare, la Psicologia dei sé, che è stata sviluppata, sin dagli anni '70, dagli psicoterapeuti americani Hal e Sidra Stone. Questo approccio si è concentrato sulle dinamiche di coppia e può aiutarti moltissimo a migliorare la tua vita di coppia.

La Psicologia dei sé può aiutarti a definire meglio chi sei, perché provi attrazione e t'innamori di certe persone e non di altre, perché hai scelto come partner quella particolare persona e perché questa relazione si è trasformata, in seguito, in rifiuto e giudizio critico...

Con la Psicologia dei sé puoi migliorare le tue possibilità di realizzare un rapporto soddisfacente e duraturo. Basterebbe anche solo rimuovere le tue convinzioni limitanti per ottenere dei risultati migliori.

So che è difficile pensarlo, anch'io stentavo a crederci, ma quando ho visto i risultati, su di me e sugli altri, quelli non si possono discutere...

Questo libro ti svelerà il segreto dell'attrazione, dell'innamoramento e della scelta del partner.

Ciò che avviene nei rapporti di coppia non è casuale. Gli eventi, che si sono verificati finora nella tua vita di coppia, non sono avvenuti casualmente. Neppure il genere di rapporto di coppia che vivi ora, e come sta procedendo, è casuale. Sì, nulla avviene per caso. Ci sono delle leggi psicologiche che ti spiegano esattamente qual è il segreto dell'attrazione, dell'innamoramento e della scelta del partner. Pochi conoscono queste leggi psicologiche che ti sono svelate in questo libro.

Queste leggi psicologiche sono la causa di quello che succede nella tua vita di coppia. Esse ti spiegano perché determinate persone, e non altre, sono comparse nella tua vita e ti hanno attratto, ti hanno fatto innamorare e tu le hai scelte come partner.

Queste leggi psicologiche ti spiegano anche perché i rapporti del tuo passato sono terminati e le difficoltà che incontri nella tua relazione attuale. Esse sono costantemente all'opera, che tu ci creda o no, che tu lo sappia o no, che tu lo voglia o no. Questo è il segreto dell'attrazione e dell'innamoramento, che determina l'inizio di un rapporto di coppia, ma, in alcuni casi, anche la sua fine.

È molto importante, per te, conoscere queste leggi psicologiche, per non essere sotto il loro controllo, bensì utilizzarle per raggiungere ciò che desideri veramente. Esse ti spiegano, scientificamente, le ragioni profonde dell'attrazione, dell'innamoramento e della scelta del partner.

Queste leggi psicologiche ti spiegano anche perché i tuoi rapporti passati sono terminati e le lezioni che puoi apprendere da quelle esperienze, per non ripetere gli stessi errori in futuro.

Apprendendo queste leggi psicologiche comprenderai molte dinamiche delle tue relazioni passate e di quella attuale. Agirai con più chiarezza nel tuo rapporto, attirerai l'amore e avrai esperienze più appaganti.

Se comprenderai queste leggi psicologiche, vedrai che il tuo rapporto di coppia diventerà sempre più soddisfacente e duraturo. I tuoi desideri di un buon rapporto di coppia si realizzeranno in misura sempre maggiore.

1. Il Segreto dell'Attrazione

Che cosa è l'attrazione? Perché ci sentiamo attratti verso una determinata persona, mentre altre ci sono indifferenti o non ci attraggono? In questo capitolo si fornisce una risposta a queste domande, ma, prima di tutto, dobbiamo sgombrare il campo da alcune credenze limitanti che sono dominanti rispetto all'attrazione.

Si può comprendere l'attrazione?

Siccome, di solito, sperimentiamo l'attrazione verso una persona come qualcosa d'improvviso, potrebbe sembrare che essa sfugga a qualsiasi analisi e comprensione, ma non è così.

Probabilmente pensi anche tu che l'attrazione sia qualcosa di inspiegabile e incomprensibile, ma sei abbastanza intelligente da sapere che questa è una credenza comune sbagliata.

Tu puoi superare la credenza limitante che l'attrazione sia qualcosa che non si può comprendere. Ci hanno fatto credere che "l'amore è cieco" e non si può comprendere perché ci sentiamo così attratti, irresistibilmente verso una determinata persona.

14

Lo hanno detto grandi poeti come Shakespeare: "*Tu amore cieco e pazzo, che fai ai miei occhi che guardano e non vedono?*".

Ci hanno insegnato che l'innamoramento è un "colpo di fulmine", che ci prende all'improvviso, come la freccia scagliata da Cupido, che trafigge il nostro cuore scatenando una passione amorosa inevitabile e incontrollabile.

Ma ti chiedo: è davvero così incomprensibile e incontrollabile la forza dell'attrazione verso una persona? Ci sentiamo irresistibilmente attratti verso una determinata persona, che ci ha mandato il destino, senza che noi possiamo in alcun modo decidere se è quella veramente giusta per noi, oppure no?

Personalmente mi risulta più facile credere che, la persona con cui sto, l'abbia scelta io per delle ragioni ben precise. Non ho mai creduto all'idea di un "amore cieco" e incomprensibile e di una "attrazione irresistibile".

Certamente esiste un momento, molto particolare, che rende ogni attrazione e innamoramento qualcosa di unico e anche misterioso. In seguito, però, dobbiamo per forza pensare che l'attrazione e l'innamoramento siano qualcosa che ci piove dal cielo, oppure che sia un avvenimento casuale?

No! L'attrazione e l'innamoramento non sono qualcosa che ci proviene dall'esterno e noi troviamo, per caso, in qualche angolo del mondo. Essi provengono, prima di tutto, dal nostro interno, come chiarirò nel corso di questo libro.

Ciò che ci attira verso una determinata persona non è molto diverso da ciò che attrae l'ape verso un fiore, oppure una farfalla notturna verso la luce. Sembra essere qualcosa di misterioso e di magico se t'identifichi con l'ape attratta dal fiore per raccoglierne il dolce polline, ma può essere anche qualcosa di tragico se fai come la farfalla notturna che, attirata dalla luce della lampadina, alla fine si brucia.

Sì, l'attrazione verso qualcuno è così: può essere qualcosa di misterioso, magico e molto positivo, ma può anche essere qualcosa di tragico. Per questo motivo è meglio comprenderla, per poterla governare e utilizzare per concretizzare ciò che desideriamo veramente.

La Legge di Attrazione.

Per capire che cosa è l'attrazione è necessaria, prima di tutto, la comprensione della legge che la governa in generale e che prende il suo nome: **la Legge dell'Attrazione.**

L'attrazione verso una persona sembra qualcosa che va oltre la nostra comprensione, ma non è così. C'è, infatti, una Legge universale che riguarda l'attrazione. Purtroppo, però, questa Legge non è ancora molto conosciuta.

Si tratta della Legge di Attrazione, che è stata esposta, per la prima volta, da William Walker Atkinson nel 1906. Oggi, la conosciamo meglio grazie al libro e al film "The Secret" di Rhonda Byrne, alle opere di Jerry ed Ester Hicks e molti altri autori che l'hanno diffusa nel mondo.

Ma cosa è la Legge di Attrazione?

16

La Legge di Attrazione afferma che:

"Nella nostra vita attraiamo qualunque cosa, positiva o negativa, a cui dedichiamo attenzione, energia e concentrazione."

Il problema è che la maggior parte delle persone si concentra su ciò che non vuole, e il risultato è che ottiene proprio quello.

La Legge di Attrazione vale per tutti e non ammette eccezioni. Magari tu vorresti essere l'eccezione, ma non lo sei. Tutto ciò che hai attirato nella tua vita, anche i tuoi partner del passato e l'attuale, ti è arrivato a causa di questa legge, senza eccezioni. Altrimenti che legge sarebbe!

La Legge di Attrazione è universale, come la Legge di Gravità. Alcuni sostengono che essa non si può dimostrare, mentre quella di gravità sì. Queste persone sostengono che se si sale su una torre e si getta un peso, questo precipita a terra. Questa è la prova dell'esistenza della Legge di Gravità. Se, invece, si cerca di attrarre qualcosa o qualcuno con la Legge di Attrazione, a volte funziona, mentre altre no. Questo dimostrerebbe, quindi, che non è una vera legge.

Non sono d'accordo con questo ragionamento, perché ha un sostanziale vizio di forma. È come se pretendessimo di gettare un peso da una torre, molto alta, centrando esattamente un piccolo oggetto posto a terra. Si voleva colpire quell'oggetto, ma lo si è mancato. Questo ci consentirebbe di affermare che la legge di gravità non esiste? Sì che esiste, solo che non si sa utilizzare per centrare quell'oggetto.

La stessa cosa vale per la Legge di Attrazione. Se sei una donna che vuole attrarre, per esempio, l'attore americano Clooney, ma attiri solo una sua controfigura, non significa che la Legge di Attrazione non esista, ma che ti sei concentrata solo sull'aspetto fisico di quell'attore e, infatti, hai attratto qualcuno che gli assomiglia molto. Quindi, la Legge di Attrazione ha funzionato. Purtroppo tu hai ancora in mente l'attore e non ti accontenti della controfigura. Tutto questo significa che hai attratto quello che pensavi di poter attirare.

Come funziona la Legge dell'Attrazione nelle relazioni?

Molte persone cercano il partner ideale, ma non lo trovano. Molte persone sono insoddisfatte della loro relazione di coppia, ma non riescono a cambiarla in meglio. Nell'ambito specifico del rapporto di coppia continuano a vivere esperienze negative, anche se non vorrebbero più farlo.

Perché succede tutto questo? Possiamo utilizzare la Legge dell'Attrazione per comprendere queste situazioni?

Certamente sì! Si tratta del fenomeno dell'**attrazione involontaria**, che si può spiegare nel modo seguente:

1. Tu osservi il tuo rapporto e ti concentri prevalentemente sui suoi aspetti negativi. Vedi prevalentemente i difetti dell'altra

18

persona, gli aspetti di lei o di lui che ti fanno arrabbiare, ti preoccupano e non ti piacciono.

2. Mentre osservi tutto questo, emani una vibrazione negativa. I tuoi pensieri, le tue convinzioni, le tue emozioni, sono prevalentemente negative, così come le tue vibrazioni che emani. Allora, dominano in te emozioni di rabbia, di perdita, di paura o di qualcosa di altrettanto negativo.

3. La Legge dell'Attrazione rispondere alle vibrazioni energetiche che emani; anche se non lo fai consapevolmente, essa reagisce alle tue vibrazioni energetiche negative e te ne porta ancor di più.

4. Di conseguenza, ottieni di più di ciò che emani con la tua vibrazione, sia essa positiva o negativa. La Legge dell'Attrazione risponde alle tue emanazioni, con la medesima vibrazione amplificata.

Che tu lo capisca o no, che lo voglia o no, che tu ci creda o no, devi renderti conto che la Legge dell'Attrazione condiziona i tuoi rapporti di coppia. Che cosa puoi fare, allora, sulla base di questa consapevolezza?

Se la relazione che stai vivendo ti piace e ti soddisfa, allora ringrazia e onora quello che vivi già. Se, invece, la relazione che vivi non ti piace ed è insoddisfacente, allora è giunto il momento di utilizzare la Legge dell'Attrazione con maggiore consapevolezza.

Devi smettere di attrarre ciò che non desideri e cominciare ad attirare ciò che veramente vuoi. In altre parole, devi iniziare a esercitare quella che possiamo definire l'Attrazione intenzionale.

L'attrazione intenzionale.

Gran parte dell'attrazione che realizziamo nella nostra vita è automatica e inconscia e, quindi, ci fa attrarre persone e situazioni che non desideriamo. È possibile trasformare la nostra attrazione in qualcosa d'intenzionale? La risposta è positiva; basta seguire la formula in tre fasi dell'attrazione intenzionale, che è composta dei seguenti elementi:

1. **Individua il tuo desiderio.**
2. **Presta attenzione al tuo desiderio.**
3. **Permetti la realizzazione al tuo desiderio.**

Individua il tuo desiderio.

Il primo passo è avere le idee chiare su ciò che vuoi. Sembra facile, vero? Purtroppo, la maggior parte delle persone conosce perfettamente ciò che non vuole, mentre non ha le idee chiare su ciò che desidera. Come si può rimediare questa situazione? Beh, poi usare questa conoscenza su ciò che non vuoi per fare chiarezza su ciò che desideri veramente.

Ester e Jerry Hicks chiamano questo processo: **fare chiarezza tramite il contrasto**. Quest'ultimo è qualunque cosa che non ti piace, non ti fa sentire bene o ti porta in uno stato d'animo negativo.

Quando viviamo il contrasto stiamo male, passiamo il tempo a lamentarcene, a parlarne, a dichiarare che non lo vogliamo ed

20

emaniamo, sempre più, vibrazioni negative. Questo è l'aspetto negativo del contrasto.

Quando ci concentriamo sul contrasto emaniamo vibrazioni negative e la Legge dell'Attrazione reagisce restituendoci di più della stessa cosa. Ma il contrasto può essere anche utile? Sì, in particolare quando l'osserviamo e identifichiamo ciò che non vogliamo, allora possiamo chiederci: che cosa desidero al posto di questo? In questo caso il contrasto ci aiuta a chiarirci le idee su che cosa vogliamo veramente.

Prendiamo, per esempio, le tue relazioni di coppia del passato. Se sono finite è a causa di ragioni ben precise, dovute ai contrasti che hai vissuto con quelle persone. L'analisi dei contrasti che hai vissuto nel tuo passato ti può aiutare a fare chiarezza su cosa desideri oggi? Certamente! L'analisi delle relazioni passate ti chiarisce due aspetti molto importanti:

1. Se nella tua vita ci sono dei modelli ripetitivi di rapporto (o copioni affettivi inconsci).

2. Quali sono le situazioni, che non ti piacciono, e che ti hanno fatto soffrire e non vuoi più vivere nel tuo rapporto di coppia.

Per ogni relazione importante del tuo passato ti ricordi tutta una serie d'elementi, che non ti sono piaciuti (il contrasto che hai vissuto in quel rapporto specifico).

Realizzando un elenco preciso di questi aspetti, della relazione che non ti sono piaciuti, ti chiarisci su che cosa non vuoi più vivere nel tuo rapporto di coppia, sulla base della tua esperienza specifica con quella persona concreta. Analizzare questo contrasto è fondamentale e utile, perché t'aiuta a fare chiarezza su ciò che vuoi veramente.

In che modo? Perché è importante individuare il contrasto? Semplice! Ogni volta che osservi il contrasto nella tua vita, sperimenti la chiarezza d'idee su ciò che non vuoi. Quando sai chiaramente ciò che non vuoi, ti puoi domandare: e allora, che cosa voglio? In questo caso il contrasto t'aiuta a fare chiarezza su ciò che vuoi.

L'unica cosa da ricordare è di non passare troppo tempo nell'analizzare il contrasto, altrimenti si cade nella lamentela e nel vittimismo, attirando ancor di più ciò che non vuoi. Il tuo obiettivo dovrebbe essere di limitare il contrasto, in tutti gli ambiti della tua vita: nel lavoro, nelle finanze, nella salute e nelle relazioni.

Chi si concentra troppo sul contrasto prova emozioni negative ed emana vibrazioni che lo fanno aumentare, piuttosto che diminuire. Il processo per fare chiarezza tramite il contrasto è semplice e ti aiuterà a chiarirti le idee riguardo ai tuoi desideri.

Vediamo l'esempio di Giovanna, che vuole attrarre il suo partner ideale. Giovanna è stanca di attrarre uomini non disponibili a impegnarsi con lei e che si comportano in maniera insensibile nei suoi confronti.

Ha deciso, quindi, di usare la Legge dell'Attrazione per attrarre la sua relazione ideale. Inizia il processo di attrazione intenzionale con la prima fase, che è quella dell'individuazione precisa del suo desiderio. Per far questo utilizza il processo del portare chiarezza tramite il contrasto.

"Il Segreto dell'Attrazione nella coppia"
Scopri il segreto dell'attrazione, dell'innamoramento e della scelta del partner.

Giovanna ricorda le relazioni importanti del suo passato e scrive, per ogni partner, tutto ciò che non le faceva piacere in quei rapporti. Emerge un elenco molto dettagliato di caratteristiche negative.

Leggendo ogni elemento del suo elenco Giovanna si domanda: e allora, che cosa voglio al posto di questo? A questo punto scrive le risposte che le vengono alla mente. L'insieme delle sue risposte le permette di fare chiarezza su ciò che vuole tramite il contrasto.

Presta attenzione al tuo desiderio.

La seconda fase dell'attrazione intenzionale è quella di prestare attenzione al tuo desiderio. Perché è necessario prestare attenzione al tuo desiderio? Semplice! Perché fa scattare la Legge dell'Attrazione, che si basa proprio sul fatto che attraiamo qualunque cosa cui dedichiamo attenzione, energia e concentrazione.

Quando presti attenzione al tuo desiderio, aumenti la tua vibrazione positiva a riguardo. Alcune persone sono brave a capire che cosa vogliono, ma poi se ne dimenticano. In questo modo i loro desideri non si realizzano.

Tu sei abbastanza intelligente da capire che la Legge dell'Attrazione reagisce a ciò cui presti attenzione. Ma com'è possibile prestare più attenzione a ciò che si desidera? Un metodo, molto semplice e utile, per aumentare l'attenzione su ciò che si desidera è quello della **"bolla vibrazionale"**, sviluppato da Michael Losier.

Immagina una bolla che ti circonda, al cui interno si trovano tutte le vibrazioni che emani. Ora, domandati: ciò che desidero è dentro, o fuori, dalla mia bolla vibrazionale? Questa è una domanda molto importante, perché alcune volte i tuoi desideri non sono effettivamente all'interno della tua bolla vibrazionale. Se fossero dentro, infatti, ora ne staresti già godendo i benefici.

Se hai chiari i tuoi desideri e li scrivi (cosa molto intelligente da fare), ma poi l'infili in un cassetto dimenticandoli (cosa che non dovresti fare), allora non si realizzeranno, perché la Legge dell'Attrazione reagisce solamente a ciò che si trova nella tua bolla vibrazionale. Solo quando un tuo desiderio fa parte della tua bolla vibrazionale si realizza, perché è questo che attiva la Legge dell'Attrazione.

Come affermano Ester e Jerry Hicks: dobbiamo mantenere l'allineamento vibrazionale con il nostro desiderio per far sì che si realizzi. Solo quando manteniamo la nostra attenzione, energia e concentrazione verso il nostro desiderio, lo stiamo includendo nella nostra bolla vibrazionale alla quale la Legge dell'Attrazione reagisce.

A questo punto sorge la domanda: ma tu, che cosa sta includendo nella tua bolla vibrazionale? Per esempio, dici di voler trovare la persona ideale, ma stai includendo questo desiderio nella tua bolla vibrazionale?

Affermi di voler migliorare il tuo rapporto di coppia, ma stai includendo questo desiderio nella tua bolla vibrazionale?

Dichiari di voler cambiare alcuni aspetti del tuo carattere, perché sai che danneggiano il tuo rapporto, ma stai includendo questo desiderio nella tua bolla vibrazionale?

Rispondi sinceramente a queste domande.

Un'altra domanda importante a cui devi rispondere è la seguente: ci sono delle azioni che includono o escludono dalla tua bolla vibrazionale il tuo desiderio? La risposta è positiva.

Le azioni che includono il tuo desiderio nella tua bolla vibrazionale sono, ad esempio:

- Parlare positivamente con gli altri di ciò che desideri.
- Notare qualcosa che ti piace.
- Sognare a occhi aperti ciò che desideri.
- Visualizzare il tuo desiderio.
- Fingere di avere già ciò che desideri e sentire le emozioni positive corrispondenti.
- Ricordare qualcosa di positivo.
- Osservare qualcosa di positivo.
- Divertirti con l'idea di avere ciò che desideri.
- Fare un collage del tuo desiderio.
- Festeggiare qualcosa che ti piace.
- Altro ancora...

Ecco, invece, le azioni che escludono il tuo desiderio dalla tua bolla vibrazionale:

- Concentrarti continuamente su ciò che ti manca.
- Preoccuparsi continuamente che il tuo desiderio non si realizza.

- Lamentarti continuamente del contrasto che stai vivendo.

- Concentrarti sugli aspetti negativi.

- Attribuire tutta la responsabilità all'altra persona.

Tu attrai in base alle tue vibrazioni. Sia che stai pensando alla relazione che vuoi o a quella che non desideri, tu stai emanando una richiesta per "attrarre" di più di quello che stai pensando. Tutte le cose che ti accadono, tutte le persone, le cose, le esperienze, le situazioni che si presentano a te, sono una risposta al tuo invito vibrazionale.

Forse ti domandi: ma come posso aver attratto delle relazioni che non volevo? La risposta è semplice: molte delle relazioni o esperienze che hai attratto non le hai attirate intenzionalmente o di proposito. Sino a quando non conoscevi la Legge d'Attrazione (e non sapevi come utilizzarla) la maggior parte delle tue attrazioni non avveniva consapevolmente, piuttosto si determinava "in automatico" e inconsciamente.

Ora, tu comprendi che ottieni quello che pensi, sia che tu lo desideri oppure no. I pensieri cronici sulle cose che non vuoi, attraggono esperienze corrispondenti. La Legge d'Attrazione funziona così.

Tu puoi avere il totale controllo dei tuoi pensieri.

Potresti ritrovarti in un'eterna spirale se cerchi di spiegare che stai male a causa del comportamento altrui. Se, invece, prendi controllo delle tue emozioni e scegli di pensare un pensiero migliore semplicemente perché ti fa stare meglio, scoprirai che non importa quando e come la spirale negativa sia iniziata. Tu puoi girare questa spirale negativa a tuo favore.

26

Non hai nessun vero controllo su quello che gli altri stanno facendo con la loro vibrazione (o con le loro azioni), ma hai assoluto controllo sui tuoi pensieri, sulle tue vibrazioni, emozioni e sul tuo punto d'attrazione.

Ora, sei consapevole che cercando di controllare l'altra persona, attrai più situazioni in cui sei controllato/a. Ti è facile comprendere come si giunge alla conclusione che per stare bene dobbiamo influenzare o controllare il comportamento altrui.

Mentre tenti di controllare gli altri, attraverso la manipolazione o la coercizione, tu scopri che non solo non puoi farlo, ma la tua attenzione verso di loro ti fa attrarre più persone simili nella tua esperienza. Semplicemente tu non puoi raggiungere la tua meta controllando o eliminando quello che non vuoi. Se fai così lo attirerai ancor di più.

L'arte del Permettere.

L'attrazione intenzionale è un processo in tre fasi. Nella prima fase hai individuato chiaramente ciò che vuoi. Nella seconda tappa hai prestato un'adeguata attenzione al tuo desiderio, inserendolo nella tua bolla vibrazionale. Nella terza fase è necessario che tu permetta la realizzazione del tuo desiderio.

Sei una persona intelligente e comprendi bene che questa tappa è la più difficile da realizzare. Forse ti chiederai: ma se lo voglio, perché non dovrei permettere la sua concretizzazione? La risposta a questa domanda è che ci sono tanti modi in cui noi ostacoliamo la realizzazione dei nostri desideri. Uno di questi, ad esempio, è quando abbiamo dei dubbi e sviluppiamo vibrazioni negative che non ci permettono di concretizzare ciò che vogliamo. Tu comprendi chiaramente che, quando stai permettendo la concretizzazione di un tuo desiderio non stai provando vibrazioni negative e il dubbio è certamente una di queste.

Hai già notato che, per quanto riguarda i rapporti di coppia, tu applichi l'arte del permettere, quando sei capace di realizzare questi due obiettivi:

1. Prima di tutto, ti allinei vibrazionalmente con i tuoi desideri.

2. Poi, aiuti l'altra persona ad allinearsi con i suoi desideri, anche se sono differenti dai tuoi.

Noi permettiamo la realizzazione di un nostro desiderio, quando non abbiamo dubbi e siamo allinea vibrazionalmente a esso. Permettiamo qualcosa che ci sta a cuore, quando non abbiamo vibrazioni negative che l'ostacolano.

Sicuramente ti ricordi una situazione in cui non hai concretizzato ciò che desideravi. Col senno di poi, ti accorgi, di sicuro, che avevi dei dubbi molto forti sulla concretizzazione di ciò che volevi.

Ti rendi conto che, una parte di te voleva realizzare quella determinata cosa, ma un'altra parte di te esprimeva forti dubbi sulla sua realizzazione concreta. Naturalmente, la prima parte di tre era allineata vibrazionalmente con il tuo desiderio. La seconda parte di te, invece, aveva profondi dubbi e ti faceva emanare vibrazioni negative. Alla fine, il risultato era che queste tue due parti, con le loro vibrazioni corrispondenti, si annullavano a vicenda e tu non hai concretizzato ciò che volevi.

L'esempio di Danilo.

"Il Segreto dell'Attrazione nella coppia"
Scopri il segreto dell'attrazione, dell'innamoramento e della scelta del partner.

Puoi comprendere meglio questo meccanismo attraverso l'esempio concreto di Danilo. Lui si domandava, di continuo, perché non riuscisse ad attrarre la sua partner ideale. Conosceva la Legge dell'attrazione e il processo dell'attrazione intenzionale, ma per lui non sembrava che funzionasse. Per fare chiarezza su ciò che voleva, aveva compilato un lungo elenco di caratteristiche negative delle sue partner precedenti.

Finalmente, sapeva esattamente qual era il tipo di partner che desiderava. Poi, si era concentrato a lungo su questo suo desiderio, ma non succedeva niente. Sembrava che la Legge dell'Attrazione per lui non funzionasse.

In realtà, il processo di attrazione intenzionale non funzionava, perché per Davide individuare il desiderio e volerlo con tutte le sue forze, non era sufficiente. Per attrarre ciò che voleva, Davide doveva eliminare qualunque dubbio sulla concretizzazione del suo desiderio. A lui mancava proprio questo passo. Non conosceva e non sapeva applicare, ancora, l'arte del permettere.

Il permettere è, infatti, il processo che ci porta a superare i dubbi e le credenze limitanti, che bloccano la realizzazione dei nostri desideri. Tu comprendi bene che i dubbi che abbiamo sul fatto di ottenere qualcosa ci fanno emanare vibrazioni negative, che smorzano o annullano quelle positive.

Stai cominciando a vedere che l'arte del permettere si attua attraverso il superamento dei nostri dubbi, che ci fanno emanare vibrazioni negative. Quando tu riuscirai a superare i tuoi dubbi e le vibrazioni negative conseguenti, avrai una sensazione di sollievo, sentirai di poter ottenere ciò che vuoi e la concretizzazione del tuo desiderio ti sembrerà possibile.

Comprendi bene che il chiarire ciò che desideriamo e il concentrarci su ciò che vogliamo, non è sufficiente. È solo quando la nostra resistenza è eliminata, che il nostro desiderio si concretizza.

Forse ti chiederai: ma posso accelerare la realizzazione del mio desiderio? Certamente! Ecco in che modo:

La velocità con cui la Legge dell'Attrazione reagisce al nostro desiderio è direttamente proporzionale a quanto lo permetti. Se hai un forte desiderio, ma un altrettanto intenso dubbio, ciò che vuoi non si manifesta. Con un forte desiderio e un piccolo dubbio ciò che vuoi si manifesterà, ma lentamente. Con un forte desiderio e nessun dubbio ciò che vuoi si manifesterà velocemente.

Probabilmente ti stai chiedendo: ma da dove nascono i miei dubbi? La fonte più comune dei nostri dubbi è costituita dalle nostre credenze limitanti. Esse sono dei pensieri ricorrenti, che si sono formati nella nostra mente diventando automatici e inconsci.

Quando ci troviamo di fronte a una determinata situazione i nostri pensieri sono molto simili a quelli che abbiamo avuto nel passato, ed emergono in maniera automatica e inconscia. Quando i nostri pensieri si strutturano sulla base di credenze limitanti, emaniamo vibrazioni negative, che c'impediscono di ottenere ciò che desideriamo.

L'esempio di Giovanna.

Giovanna, ad esempio, ha il pensiero ricorrente, o convinzione limitante, di non poter attrarre il suo partner ideale, perché ha 40

"Il Segreto dell'Attrazione nella coppia"
Scopri il segreto dell'attrazione, dell'innamoramento e della scelta del partner.

anni e si sente già vecchia. Questa credenza limitante blocca Giovanna, in maniera considerevole, specialmente quando esce con uomini più giovani di lei.

Nel suo caso bastano anche uno o due anni di differenza per rovinare tutto. Questa credenza limitante le fa sorgere forti dubbi sulla sua capacità di attrarre il suo partner ideale e questo l'allontana dalla realizzazione del suo desiderio.

Per permettere la manifestazione di un tuo desiderio devi superare le vibrazioni negative che derivano dai tuoi dubbi, che spesso sono generati dalle tue credenze limitanti.

Come sicuramente hai compreso il permettere è la fase più importante del processo dell'attrazione intenzionale. Nei rapporti di coppia il permettere riguarda, in particolare, l'accettazione delle differenze.

Come hai già notato, la persona che ha imparato l'arte del permettere, accetta le differenze che inevitabilmente sono presenti nel partner. Quando diventi anche tu una persona che permette hai questo tipo di pensieri: io provo soddisfazione e gioia per essere ciò che sono e, anche se tu sei diverso/a, da me, va comunque bene. Siccome io sono in grado di concentrarmi su ciò che desidero, anche se tra noi ci sono delle differenze, io non provo emozioni negative, perché non mi concentro su di loro. Non incoraggio il conformismo e l'uniformità, perché in essi non c'è la varietà che stimola la crescita della nostra relazione.

Stai cominciando a vedere come l'arte del permettere riguarda proprio l'accettazione delle differenze e la capacità di concentrarsi sui propri desideri, sulle cose che ci fanno stare bene?

Nei rapporti di coppia l'accettazione delle differenze è veramente fondamentale, perché noi siamo attratti da un'altra persona proprio per le sue diversità. Comprendi molto bene che queste stesse differenze, però, diventano l'elemento di principale contrasto, in seguito, quando il rapporto diventa più strutturato. Allora diventa veramente importante l'arte del permettere.

Il motivo per cui molte delle persone ha paura di permettere al partner di agire come vuole è che non comprendono la Legge dell'Attrazione. Queste persone credono, a torto, che permettendo all'altra persona di concretizzare ciò che vuole, allora saranno abbandonate.

Non conoscendo la Legge d'Attrazione, queste persone si mettono sulla difensiva e si sentono vulnerabili. Non sapendo esprimere la propria vulnerabilità, queste persone erigono difese e barriere, ma inutilmente, perché opponendosi a tutto questo non fanno altro che attirarlo ancor di più.

Tu sai sicuramente distinguere il permettere dal tollerare, ma alcune persone pensano che siano la stessa cosa. Non sono per niente la stessa cosa, perché quando tu tolleri qualcuno, lasci che questa persona faccia quello che vuole, anche se non ti piace, ma questa situazione non ti fa stare bene. Quando permetti, invece, lasci libera l'altra persona di fare ciò che vuole, ma senza avere emozioni negative al riguardo.

Quando si tollera non si permette. Tollerare e permettere sono due cose molto diverse. Chi tollera prova emozioni negative. Chi permette, invece, non prova emozioni negative ed è libero da esse.

32

Scopri il segreto dell'attrazione, dell'innamoramento e della scelta del partner.

Un altro aspetto importante è che la persona che permette non si concentra sul problema, ma sulla soluzione. Quando tu cerchi una soluzione, provi emozioni positive, ma quando ti focalizzi su un problema provi emozioni negative.

Puoi ben capire che tu non aiuti l'altra persona concentrandoti sui suoi problemi o esprimendo il tuo dispiacere per ciò che vive. Tu aiuti l'altra persona, invece, cercando delle soluzioni e, soprattutto, essendo qualcosa di diverso rispetto ai suoi problemi. Aiuti l'altra persona diventando un modello di benessere. L'aiuti attraverso il potere del tuo esempio.

Questo presuppone che i tuoi pensieri ti facciano stare bene. Quando, invece, i tuoi pensieri ti fanno stare male, deprimi non solo te stesso/a, ma anche l'altra persona. Il tuo stato d'animo ti permette di capire se stai aiutando l'altra persona, oppure no.

Qualcuno, nella sua relazione di coppia, trova difficile permettere al partner di avere i suoi pensieri e le sue opinioni e di svolgere attività che ritiene inappropriate. Queste persone si sentono come se il partner dovesse pensare e agire come vogliono loro e quando non lo fa si sentono terribilmente male e si arrabbiano. Queste persone non conoscono l'arte del permettere.

Marco permette la realizzazione del suo desiderio.

Vediamo l'esempio di Marco, che si sente, da molto tempo, pronto per una relazione seria, ma dice di non riuscire a trovare la donna giusta per lui. Frequenta donne che vorrebbero avere una relazione stabile con lui, ma non prova lo stesso desiderio. Desidera trovare una partner adeguata, ma ha paura di uscire con nuove donne perché pensa che, se non gli piacciono veramente, non vorrebbe farle soffrire respingendole.

Marco è l'esempio tipico della persona che desidera qualcosa, ma si concentra su ciò che costituisce un ostacolo alla sua realizzazione. Quando si ha questo atteggiamento è inevitabile che si sentano emozioni negative. Quando si desidera qualcosa e si crede di non essere in grado di ottenerla, si provano forti emozioni negative. Quando il nostro desiderio di qualcosa è profondo anche le emozioni che lo riguardano sono molto forti.

Se ti concentri su pensieri che vanno nella direzione della realizzazione del tuo desiderio percepisci emozioni positive. Quando, invece, ti concentriamo su pensieri che ti allontanano dal tuo desiderio, provi forti emozioni negative.

Questo è ciò che succede a Marco, che si concentra su pensieri che lo allontanano dal suo desiderio e, quindi, prova malessere. Marco desidera una relazione importante e duratura molto intensamente. Se si concentrasse, con costanza e con un atteggiamento di speranza sul suo desiderio, si verificherebbero circostanze ed eventi che gli porterebbero la partner ideale per lui.

Purtroppo, Marco non si comporta in questo modo. Come fanno molte persone, in cerca del partner ideale, egli tenta di forzare le cose concentrandosi su una donna e cercando di fare di lei la partner giusta. Poi, quando si accorge che le cose non vanno bene, perde interesse verso quella persona e la situazione peggiora inesorabilmente.

Per realizzare il suo desiderio Marco dovrebbe cambiare i suoi pensieri e la sua vibrazione. Invece di considerare ogni donna che

"Il Segreto dell'Attrazione nella coppia"
Scopri il segreto dell'attrazione, dell'innamoramento e della scelta del partner.

incontra come quella che sta cercando, mettendosi quindi in tensione, lui potrebbe vederla semplicemente come una persona con cui fare delle cose piacevoli: pranzare, conversare, andare al cinema o al teatro, ecc.

Adottando un approccio meno "serio" e più leggero, rilassato e scherzoso, non troverebbe pretesti per andare contro il suo desiderio. La Legge dell'Attrazione gli procurerebbe, più facilmente, l'incontro con la partner che desidera.

Avendo più fiducia nella Legge dell'Attrazione, Marco troverebbe la donna che sta cercando, ma nella sua convinzione di dover far succedere quest'incontro attraverso l'azione, lui si tiene lontano dalla realizzazione del suo desiderio.

Quando Marco assumerà un atteggiamento più rilassato e leggero nei confronti delle donne che frequenta, attirerà la persona adatta a lui, perché sarà altrettanto tranquillo e disponibile a un rapporto di coppia. L'effetto positivo di questi nuovi pensieri farà passare Marco dalla paura di non trovare la partner alla speranza positiva che un giorno arriverà.

Marco, allora, avrà voglia d'uscire per un appuntamento nella sola ottica di divertirsi e di passare una serata piacevole con una donna, invece di trasformarla in un esame scrupoloso se la persona con cui esce è la partner giusta per un rapporto duraturo.

Questa ricerca della partner "giusta" provoca in Marco una forte tensione e preoccupazione. Egli poi teme d'incontrare ancora una donna che vuole mettersi con lui, ma che a lui non piace.

Questo timore lo manda in corrispondenza vibrazionale con ciò che non vuole, quindi, la Legge dell'Attrazione risponde facendogli effettivamente incontrare questo tipo di donna.

Comprendendo il processo dell'attrazione intenzionale, Marco ha imparato a uscire con un'amica con cui si diverte, anche se è chiaro che non è la donna dei suoi sogni. Egli ha trovato un modo per stare bene, anche se non ha ancora ottenuto ciò che desidera.

Nel passato, Marco aveva una convinzione limitante del tipo: "È difficile trovare la donna giusta". Ora, i suoi pensieri dominanti sono del tipo: "Mi piace conoscere persone nuove ed evito di trasformare ogni appuntamento con un esame per trovare la donna della mia vita". Sono stati questi nuovi pensieri che gli hanno permesso d'attrarre la sua partner ideale concretizzando il suo desiderio.

In questo modo, Marco non solo passa delle serate piacevoli, ma in una di queste incontra la sua partner ideale. Egli ha attratto questa donna, ma non s'è buttato subito in questo rapporto, come faceva in passato.

Ha cercato di conoscerla più a fondo, e tra loro è nato un innamoramento reciproco. Questa volta Marco si è innamorato di questa donna grazie ad un'approfondita conoscenza e del fatto che stando assieme si sentivano entrambi contenti e soddisfatti.

Con questa partner Marco si sente a suo agio e sta molto bene vicino a lei. Le sue emozioni sono prevalentemente positive e questo è il segnale che i suoi pensieri, rispetto questa nuova relazione, sono in linea con ciò che desidera.

"Il Segreto dell'Attrazione nella coppia"

Scopri il segreto dell'attrazione, dell'innamoramento e della scelta del partner.

Carlo si sente soffocare.

Carlo afferma d'essere molto compatibile con la sua compagna sotto tanti punti di vista. È convinto che, stando con lei, la sua vita sia migliorata molto. Stanno bene insieme. Carlo e la sua partner vivono una relazione di forte fusione emotiva e hanno gli stessi interessi, gusti, abitudini e modi di fare.

Sembrerebbe una situazione ideale, ma non è così. Carlo, infatti, si sente soffocare. Non riesce più a dedicarsi a qualcosa di suo; è stanco di dover tener conto del punto di vista della partner per ogni decisione. Sente di avere perso la sua libertà. È arrivato, addirittura, a invidiare il suo amico single, perché lui è libero di fare ciò che vuole.

Come puoi ben capire, le emozioni profonde di Carlo mostrano chiaramente come la fusione emotiva sia deleteria e sia necessario accettare le differenze esistenti nella coppia.

Che cosa può fare Carlo per uscire da questa situazione?

La Legge dell'Attrazione può essere d'aiuto per comprendere come mai Carlo ha attirato questo tipo di partner e di situazione. Lui è molto legato alla sua compagna, ma il rapporto con lei è influenzato dalle sue convinzioni limitanti. Come molte altre persone, Carlo crede che sarebbe meglio se la sua compagna cambiasse controllandolo di meno. Lui pensa che starebbe meglio se la sua partner cambiasse quest'aspetto del suo comportamento e della sua personalità. Vorrebbe che lei lo controllasse meno, ma non si rende conto di avere creato lui i presupposti di questa fastidiosa sensazione.

Carlo non si sente libero, perché ha pensieri e convinzioni che attirano una situazione in cui, effettivamente, non ha più uno spazio proprio di decisione autonoma. La sensazione di soffocamento, che Carlo prova, è il segnale inequivocabile che i suoi pensieri lo stanno allontanando dalla realizzazione di ciò che desidera.

Qual è la convinzione che lo blocca maggiormente nella realizzazione dei suoi desideri? Come puoi ben intuire è la seguente: La mia felicità dipende dalla tua disponibilità a cambiare; io starei meglio solo se tu cambiassi questo aspetto del tuo comportamento della tua personalità.

Il motivo per cui Carlo è insoddisfatto è che, dentro di sé, desidera essere felice, ma è convinto che questo dipenda dal cambiamento della sua compagna, non dal suo. In sintesi, Carlo è convinto che la realizzazione del suo desiderio dipenda da fattori esterni sui quali non ha nessun controllo.

All'inizio del loro rapporto tutto andava bene, perché Carlo si concentrava prevalentemente sugli aspetti positivi della sua compagna. Lui si sforzava di compiacerla, andando anche contro la sua natura. Quest'atteggiamento di compiacenza nei confronti dell'altra persona crea una situazione di fusione emotiva, che non può durare a lungo ed è molto dannosa. Si rinuncia all'allineamento vibrazionale ai propri desideri e cominciano i guai, perché non è possibile mantenere i desideri di un'altra persona al centro della propria attenzione.

Quando si compiace un'altra persona la s'incoraggia a pensare, in modo sbagliato, che qualcun'altro è ora responsabile della sua felicità e questo, a lungo andare, la fa sentire impotente e infelice. Quando si cerca di rendere felice un'altra persona, in realtà la si fa diventare dipendente da un comportamento esterno sul quale non ha nessun controllo. Ciò crea, quindi, infelicità e dipendenza.

Carlo, con la sua convinzione limitante, creava proprio questo con la sua partner. La metteva al centro della sua attenzione, dicendole quanto era importante per la sua felicità e cercava di compiacerla con le sue azioni. Non c'è da stupirsi, quindi, che con questo immane sforzo, alla fine, lui si sentiva soffocare, perché questa "missione impossibile" richiede una quantità di tempo ed energia enormi.

Nella maggior parte dei casi, più si cerca di controllare e migliorare l'esperienza altrui, più gli altri diventano dipendenti e, col passare del tempo, sono più esigenti. Carlo era partito con l'intenzione di rendere felice la sua compagna, ma ha reso infelice lei e se stesso.

Che cosa può fare Carlo? Egli deve rendersi conto di aver creato questa situazione con le sue convinzioni limitanti ed è su queste che deve agire. Carlo ha il totale controllo sui suoi pensieri e sulle sue convinzioni. Egli, invece, può fare ben poco sui pensieri e le convinzioni della sua partner.

La prima convinzione limitante che lui deve cambiare è quella relativa alla felicità dell'altra persona. Egli deve rendersi conto che per rendere felice la sua compagna dovrebbe, prima di tutto, essere lui una persona soddisfatta e contenta. Questo è possibile solo se si riallinea con il suo essere interiore e i suoi desideri.

Carlo non riesce a permettere la manifestazione di ciò che vuole perché:

- Desidera che la sua compagna sia felice.
- Si accorge che lei non è felice per qualcosa.

- Fa tutto quello che può per farla stare meglio.

- Lei si sente temporaneamente meglio, ma è diventata progressivamente dipendente dal suo comportamento per stare bene.

- La sua partner perde il suo senso d'indipendenza e, a questo punto, diventa ancor più infelice.

- Lui moltiplica i suoi sforzi, ma lei si sente ancora più insoddisfatta.

Carlo si sente soffocare, perché parte dal presupposto, sbagliato, che dovrebbe rendere felice la sua partner.

Cambiando le sue convinzioni, Carlo può applicare l'arte del permettere in questo modo:

- Lui vuole che la sua compagna sia felice, ma si accorge che lei non è contenta per qualcosa.

- Egli usa l'arte del permettere per concentrarsi su qualcosa che gli permetta di continuare a essere felice, anche se lei non lo è.

- Lei pensa che Carlo dovrebbe occuparsi maggiormente della sua felicità e che è un egoista.

- Nonostante questo, lui rimane contento perché è il suo desiderio principale.

- Siccome è allineato con il suo desiderio, lui emette una vibrazione di forte benessere.

- L'allineamento vibrazionale di Carlo influenza positivamente la sua compagna.

- Carlo ha compreso che il suo compito è di mantenersi allineato ai suoi desideri e non può farlo al posto della sua compagna.

40

- Carlo ha compreso che può amare la sua compagna fino al punto di incoraggiare il suo allineamento, e che questa è l'unica cosa che la può rendere felice.

È molto complicato cercare d'influenzare il comportamento e lo stato d'animo di un'altra persona. È più semplice occuparsi del proprio equilibrio vibrazionale e lasciare che la Legge d'Attrazione faccia il resto.

Per applicare l'arte del permettere nei nostri rapporti dobbiamo comprendere che l'unica possibilità per rendere contenta l'altra persona, consiste nell'essere noi stessi una persona soddisfatta e felice. E l'unico modo in cui possiamo essere realmente soddisfatti e felici, consiste nell'allineamento vibrazionale con ciò che desideriamo.

È necessario superare la credenza limitante che dobbiamo moltiplicare i nostri sforzi per rendere felice l'altra persona. Dobbiamo, invece, seguire la convinzione adeguata di allinearci vibrazionalmente ai nostri desideri, perché questo ci renderà soddisfatti e felici.

È compito dell'altra persona allinearsi a ciò che desidera. Non possiamo farlo noi al posto suo. Questo è un aspetto essenziale dell'arte del permettere. È necessario che aiutiamo l'altra persona ad allinearsi a ciò che desidera, perché questa è l'unica cosa che la renderà felice.

Permetti alle tue emozioni d'essere la tua guida.

Le tue emozioni ti consentono di sapere se la preponderanza dei tuoi pensieri corrisponde al tuo desiderio o alla sua assenza.

Per esempio, forti emozioni di passione o entusiasmo sono un indicatore che c'è in te un forte desiderio focalizzato nel momento. Forti emozioni di rabbia o collera indicano un altrettanto forte desiderio; mentre la noia indica che c'è in te poca focalizzazione su un desiderio al momento.

Quando tu vuoi veramente qualcosa e stai pensando a ciò che vuoi e trai piacere nel pensarlo, la vibrazione del tuo pensiero è in allineamento con il tuo desiderio e l'energia sta fluendo attraverso di te verso il tuo desiderio senza restrizioni o resistenza. Questo è l'arte del permettere.

Quando, invece, tu vuoi veramente qualcosa e provi rabbia o paura o disappunto, significa che ti stai focalizzando sull'opposto del tuo desiderio e così facendo emani una vibrazione che non corrisponde a ciò che vuoi. Il grado d'emozione negativa che provi indica il grado di resistenza nel ricevere il tuo desiderio.

È molto importante, quindi, imparare a fare attenzione alle tue emozioni, come indicatori dei tuoi pensieri e del tuo allineamento ai tuoi desideri.

Quando le emozioni sono forti, sia che siano positive o negative, significa che il tuo desiderio è forte. Quando le emozioni sono deboli, il tuo desiderio non è così forte.

Quando le emozioni sono positive, sia che siano forti o deboli, tu stai permettendo la realizzazione del tuo desiderio. Quando le emozioni sono negative, sia che siano forti o deboli, tu non stai permettendo la realizzazione del vostro desiderio.

"Il Segreto dell'Attrazione nella coppia"

Scopri il segreto dell'attrazione, dell'innamoramento e della scelta del partner.

La Psicologia ti può aiutare a comprendere l'Attrazione?

Come possiamo evitare di attrarre persone e situazioni negative, che non vogliamo e che ci fanno soffrire? Possiamo rispondere a questa domanda grazie al contributo della Psicologia. Penso che la Psicologia ci permetta una migliore comprensione della Legge dell'Attrazione, e un suo più adeguato utilizzo, per attrarre ciò che veramente desideriamo.

Il concetto d'inconscio.

Leggendo ogni parola di questo testo sarai sbalordito per il grande contributo che la Psicologia può dare alla comprensione e all'utilizzo della Legge d'Attrazione.

Quali sono i più importanti contributi della Psicologia rispetto all'attrazione?

Probabilmente sai già che il primo importante contributo che la Psicologia può dare a una migliore comprensione della Legge di Attrazione riguarda il concetto d'inconscio.

La Psicanalisi di Freud ci ha fatto comprendere l'importanza dell'inconscio personale e della sua analisi. La Psicologia analitica di Jung ci ha fatto comprendere l'esistenza di un inconscio collettivo, pieno di simboli e di archetipi. La Psicologia umanistica (come la Psicosintesi elaborata dallo psichiatra italiano Roberto Assagioli) ci ha permesso di comprendere l'esistenza di un inconscio superiore o superconscio, da cui provengono le nostre idee geniali, le intuizioni, le ispirazioni, le cosiddette "esperienze delle vette".

Che cosa ci mostrano, quindi, queste diverse teorie psicologiche? Che cosa ci dicono rispetto all'attrazione?

La risposta a queste domande è la seguente:

Tutte queste teorie psicologiche evidenziano che la nostra mente inconscia è molto più potente di quella conscia. Noi attiriamo nella nostra vita persone e situazioni sulla base dei nostri pensieri, credenze e desideri inconsci, che sono molto più potenti di quelli coscienti del nostro piccolo io.

Questo ti spiega perché, molte volte, attiri nella tua vita qualcosa o qualcuno che non desideri veramente. La questione è che hai attirato queste situazioni e persone in maniera inconscia.

Stai cominciando a vedere come le persone con cui hai rapporti nella tua vita le hai attirate tu? Che hai attirato anche quelle con cui hai avuto relazioni negative? Queste persone le hai attirate soprattutto a livello inconscio.

Diverse teorie psicologiche ti dimostrano che attiri le persone sulla base dei tuoi modelli mentali, che sono prevalentemente inconsci. Perciò, diventando consapevole di questi modelli mentali, che sono alla base delle tue attrazioni, puoi cambiarli e attirare solo le persone e i rapporti che desideri. È necessario, quindi, che tu ti ripulisca dalla programmazione mentale inconscia, che t'impedisce di realizzare i rapporti intimi che veramente desideri.

44

La Psicologia dei sé.

Mentre esamini ogni parola di questo paragrafo, inizierai a scoprire nuovi modi per considerare la tua personalità. Sì, la visione della tua personalità può migliorare moltissimo, grazie alle recenti scoperte della psicologia. Un grande contributo ci proviene dalla Psicologia dei sé, elaborata dagli psicoterapeuti americani Hal e Sidra Stone. Questo nuovo approccio psicologico ci mostra che la nostra psiche non è per niente unitaria come crediamo comunemente.

Ecco di cosa si tratta:

La credenza della personalità unitaria è un'illusione.
In realtà, la nostra personalità è multidimensionale.
All'interno della nostra psiche ci sono diverse parti, sé,
subpersonalità o schemi d'energia, spesso in conflitto tra
loro.

Probabilmente sai che non ti comporti nello stesso modo, quando svolgi ruoli diversi, e ti rendi conto che alcune volte i tuoi atteggiamenti cambiano all'interno dello stesso contesto che stai vivendo. Perché hai questi comportamenti, che a volte sembrano dissociati? Perché alcune volte ti sembra di non essere troppo normale?

Niente paura come disse una volta uno psichiatra: Da vicino nessuno è normale! Anche le persone "normali" si comportano in maniera dissociata, perché la nostra personalità non è unitaria, come ci hanno fatto credere.

Lo ha dimostrato all'inizio la Psicoanalisi e lo conferma chiaramente la Psicologia dei sé. Raffigurati semplicemente di avere una psiche composta di tante parti, sé, subpersonalità o schemi d'energia (come hai capito, questi sono tutti sinonimi).

In breve, non hai una personalità unitaria, anche se ti piacerebbe crederlo (vedi il mito della persona "tutta di un pezzo").

La cosa importante, che voglio sottolineare qui, è che la Psicologia dei sé ha elaborato una serie di **Leggi psicologiche** che chiariscono, molto bene, la dinamica dell'attrazione, dell'innamoramento e della scelta del partner. Queste leggi psicologiche chiariscono, inoltre, i motivi principali per cui molti rapporti entrano in crisi, dopo un certo periodo di tempo.

In questo libro ti presenterò queste leggi psicologiche, leggermente modificate, per renderle meglio adatte alla comprensione del tema dell'attrazione, dell'innamoramento e della scelta del partner.

Per soddisfare un poco, la tua curiosità, ti offro una breve sintesi di queste leggi psicologiche:

1. *La nostra psiche è composta di molti sé interiori, subpersonalità o schemi di energia, che possono essere suddivisi in due grandi gruppi: i sé primari e i sé rinnegati.*

46

2. *Per ogni sé primario con cui c'identifichiamo, esiste uno o più sé rinnegati di energia uguale e opposta.*

3. *Ogni nostro sé rinnegato è proiettato all'esterno, per cui attiriamo persone che lo rappresentano.*

4. *Le persone che sopravvalutiamo e idealizziamo sono rappresentazioni dirette dei nostri sé rinnegati.*

5. *Le persone che giudichiamo negativamente, rifiutiamo e odiamo sono rappresentazioni dirette dei nostri sé rinnegati.*

6. *Ogni persona che sopravvalutiamo, oppure giudichiamo negativamente rappresenta un insegnamento per noi, se possiamo fare un passo indietro e vedere come alla base della nostra reazione ci sia un nostro sé rinnegato.*

7. *Sino a quando un sé è rinnegato dentro di noi, continueremo ad attrarre quel particolare tipo di energia nella nostra vita. Saremo attratti da persone che troveremo meravigliose e irresistibili, ma che ci faranno sentire inadeguati, inferiori e non degni. Saremo attratti da persone che giudichiamo negativamente, rifiutiamo e odiamo, sino a che, finalmente, comprenderemo il messaggio che esse sono un "riflesso" di ciò che è rinnegato in noi stessi. Tutto questo continuerà ad accadere sino a quando comprenderemo che queste persone ci stanno semplicemente mostrando aspetti di noi stessi che abbiamo rinnegato.*

Queste leggi psicologiche saranno utilizzate nei prossimi capitoli per spiegare i meccanismi che generano l'attrazione, l'innamoramento e la scelta del partner.

I tuoi sé primari e rinnegati e l'attrazione.

Perché provi attrazione per una determinata persona? Perché t'innamori proprio di lui o lei? Perché hai scelto proprio il partner con cui stai ora?

La risposta a queste domande ha a che fare con i tuoi **sé primari e rinnegati** e con quelli dell'altra persona. La relazione tra i tuoi sé primari e rinnegati è fondamentale per comprendere l'attrazione, l'innamoramento e la scelta del partner.

La prima legge psichica è la seguente:

La nostra psiche è composta di molti sé interiori, subpersonalità o schemi di energia, che possono essere sintetizzati in due grandi gruppi: i sé primari e i sé rinnegati.

Il gruppo dei tuoi sé primari, come indica il termine, è il più importante nella definizione del tuo "Io" o della tua "Personalità". I sé primari sono le parti della tua psiche che hai sviluppato maggiormente, allo scopo di proteggere la tua vulnerabilità (il tuo Bambino interiore, come vedremo in seguito, in un apposito capitolo). Essi hanno contribuito a formare la tua personalità, il tuo

48

modo fondamentale di essere.

Hai sviluppato i tuoi sé primari sin dall'infanzia per proteggere la tua vulnerabilità, il tuo Bambino interiore vulnerabile. Il sé che hai sviluppato per primo è il tuo sé Protettore - Controllore, che ha cercato di adeguare e controllare il comportamento che avevi sin dall'infanzia nello sforzo di farti ricevere l'amore e la protezione delle persone che ti circondavano.

Altri tipici sé primari della nostra cultura sono: il Critico e il Giudice interni, l'Attivista, il Gentile, il Perfezionista. L'insieme di questi sé primari fornisce la tonalità e la struttura della personalità e i valori e i modelli di riferimento di una persona.

Il gruppo dei sé rinnegati, come indica il termine, rappresenta, invece, gli schemi di energia che hai rifiutato e con cui non vorresti avere nulla a che fare. I sé rinnegati sono gli aspetti opposti ai tuoi sé primari. Essi sono stati puniti, o rifiutati, ogni volta che li hai manifestati; per questo motivo, hai deciso di non avere più nulla a che fare con loro, rinnegandoli e mantenendoli segregati nel tuo inconscio.

Un sé rinnegato rappresenta la struttura di valori opposta a quella di un nostro sé primario. Questo sé è allontanato e rinnegato durante la crescita, attraverso l'azione del Protettore - Controllore e dei suoi "alleati". Spesso la persona è inconsapevole di queste energie, che erompono nella vita a volte in maniera distruttiva per se stessa e per gli altri.

Per continuare a mantenere questi sé rinnegati è necessario un forte dispendio di energia, oltre che la perdita delle loro potenziali qualità, che sono giudicate e viste come pericolose, attraverso gli "occhiali" del sistema primario.

Che ruolo svolgono le tue parti inconsce nell'attrazione?

Fin dalla nascita hai dato più spazio ad alcuni tuoi sé, rinnegando alcune parti di te considerate meno adatte al tuo ambiente. Questo processo, in cui hai rinnegato alcune tue parti, è del tutto inconsapevole e avviene, in maniera intensa, sin da bambini. Esso continua, più o meno consapevolmente, anche da adulti e avviene, in maniera rilevante, all'interno delle tue relazioni importanti, in particolare nei tuoi rapporti di coppia.

È molto importante scoprire quali sono i tuoi sé rinnegati e per far questo ti viene in aiuto la seconda legge psicologica, la quale afferma che:

Per ogni sé primario, con cui c'identifichiamo, esiste uno o più sé rinnegati di energia uguale opposta.

Questa seconda legge afferma la suddivisione della nostra psiche in due gruppi di sé di uguale intensità, ma opposti. Essa ti rende semplice la comprensione dei tuoi sé rinnegati, anche se essi sono prevalentemente inconsci.

Vuoi sapere quali sono i tuoi sé rinnegati? È molto semplice: devi solo considerare le parti di te che consideri come primarie e vedere qual è il loro opposto. Se, per esempio, tu ami essere visto e considerato come una persona razionale, che ragiona prima di parlare e agire, il tuo sé rinnegato sarà quello dell'irrazionalità e dell'impulsività.

Se sei una persona che ama essere considerata istruita e assegni molta importanza alla conoscenza, allora il tuo sé rinnegato
50

sarà l'ignoranza.

Se sei una persona che dà molta importanza alla socievolezza, avrai un sé rinnegato, altrettanto forte ma inconscio, basato sulla riservatezza e l'introversione.

Se sei una persona che dà molta importanza al controllo delle emozioni, ci sarà in te anche un sé rinnegato che si basa sull'emotività, ben nascosto nel tuo inconscio.

L'esempio di Roberto:

Vediamo l'esempio concreto di Roberto che si vede, ed è considerato dagli altri, come una persona molto razionale, sensata e responsabile. I suoi sé primari sono quelli della razionalità, del senso dell'equilibrio e dell'organizzazione.

Roberto non parla molto e si comporta sempre in modo equilibrato. È il tipo di persona che pensa attentamente prima di parlare e, tanto più, prima di agire. Inoltre, egli cerca di controllare, il più possibile, le sue emozioni e non alza mai la voce.

Roberto si vede in questo modo, e gli altri che lo conoscono pure, ma noi sappiamo, grazie alla seconda legge psichica, che in lui ci sono dei sé rinnegati d'intensità uguale opposta ai suoi sé primari.

Questi sé rinnegati sono, quindi, quelli dell'irrazionalità, dell'emotività, dell'irresponsabilità e della disorganizzazione. Questi aspetti sono "segregati" nella mente inconscia di Roberto che non ne è consapevole e non li vuole, né vedere, né considerare.

Perché Roberto rinnega questi suoi aspetti? La risposta a questa domanda ci viene dall'analisi del suo passato. Quando era ancora un bambino, Roberto aveva a che fare con dei genitori molto litigiosi, irresponsabili e molto emotivi.

Assistendo, spesso, alle liti furiose dei suoi genitori, il piccolo

Roberto era molto spaventato e si sentiva fragile e vulnerabile. Allora prese una decisione molto importante per la sua vita futura (che costituisce, infatti, il suo copione inconscio, che vedremo più avanti): "Da grande lui non voleva essere come i suoi genitori".

Da adulto, voleva essere una persona responsabile, razionale, capace di controllare le sue emozioni senza litigare con gli altri, in particolare con sua moglie. Per questo motivo, Roberto ha sviluppato dei sé primari che lo fanno sentire sicuro: la responsabilità, la razionalità, il controllo delle sue emozioni. Roberto ha messo da parte le sue emozioni, perché ai suoi occhi rappresentano le caratteristiche dei suoi genitori che lo facevano stare male e ha deciso di non voler diventare come loro.

Come ci chiarisce la seconda legge psichica: dentro Roberto, nascosti nel suo inconscio, ci sono i suoi sé rinnegati dell'emotività, dell'impulsività e della disorganizzazione, che hanno un'energia uguale e opposta rispetto ai suoi sé primari.

Perché ci attraggono persone con caratteristiche diverse dalle nostre?

La legge psichica che ci permette di comprendere meglio le ragioni dell'attrazione verso una determinata persona è la terza.

Essa riguarda il meccanismo psichico della proiezione e afferma che:

Ogni nostro sé rinnegato è proiettato all'esterno, per cui

52

ATTIRIAMO una persona che lo rappresenta.

Stai cominciando a vedere come i nostri sé rinnegati contribuiscono all'attrazione? Come abbiamo visto, i nostri sé rinnegati sono "segregati" nel nostro inconscio, e non aspettano altro che l'occasione per "evadere" e vedere considerati i loro bisogni e sentimenti. Essi, anche se non li conosciamo, hanno un impatto molto potente sulle nostre relazioni.

Questo succede perché i nostri sé rinnegati sono proiettati, senza renderci conto, all'esterno sulle altre persone.

Le nostre immagini interiori sono letteralmente proiettate sulle altre persone come su uno schermo cinematografico. Queste proiezioni agiscono come un ponte, che si estende fuori di noi, e ci porta a sentire una forte attrazione verso un'altra persona, spingendoci a stabilire un contatto con lui o lei.

Una persona riflessiva, come te, si rende subito conto della centralità di questo punto. Il segreto dell'attrazione sta proprio qui:

Siamo ATTRATTI da persone che sono DIFFERENTI da noi. Siamo attratti, senza rendercene conto, da persone che hanno come aspetti prevalenti proprio quelli che noi rinneghiamo.

Questa attrazione avviene in maniera inconscia e automatica per mezzo del meccanismo della proiezione. Questo meccanismo psicologico è fondamentale e riguarda, in particolare, i nostri sé rinnegati.

La proiezione è un meccanismo psicologico, automatico e

inconscio, con cui noi trasferiamo un nostro aspetto all'esterno, verso altre persone. Questo aspetto che proiettiamo all'esterno è, di solito, qualcosa che rifiutiamo perché, ad esempio, lo consideriamo immorale o inaccettabile.

Nel momento in cui consideriamo questo aspetto come pericoloso, allora lo proiettiamo all'esterno. La pericolosità di questo aspetto è direttamente collegata alla critica esterna o interna di questa parte di noi.

Se, ad esempio, non ti piace l'emotività, perché la consideri pericolosa, allora tenderai a proiettarla all'esterno e questo ti porterà ad attrarre persone emotive e impulsive. Oppure, se non ti piace la riservatezza, tenderai a proiettarla all'esterno, attraendo nella tua vita persone che sono introverse e riservate.

La persona con un sé rinnegato basato sull'introversione tenderà a proiettare questo suo aspetto inconscio all'esterno e sarà attratta proprio da un'altra persona molto riservata.

La persona con un sé rinnegato, basato sulla razionalità, tenderà a proiettare questa sua parte all'esterno e sarà attratta da un'altra persona molto emotiva e irrazionale.

Se Roberto conoscesse la terza legge psichica, potrebbe ben capire perché tende a proiettare all'esterno i suoi sé rinnegati attirando persone emotive, irrazionali e disorganizzate. Non è un caso, quindi, che lui sia stato attratto da Nadia, che si sia innamorato di lei e che l'abbia scelta come moglie.

Quali sono le caratteristiche di Nadia? Lei, per certi aspetti, è il contrario di Roberto e incarna alcuni dei suoi sé rinnegati.

Nadia, prima di tutto, è molto emotiva e reattiva, non si

54

comporta in maniera equilibrata come fa lui. Spesso, ha degli scoppi di rabbia che sconvolgono Roberto.

La carica emotiva di Nadia ha fortemente attratto Roberto all'inizio del loro rapporto. Lui è rimasto molto attratto dalla sensualità e spontaneità di Nadia e si è innamorato di lei proprio per questo.

Come puoi ben capire: l'attrazione è derivata, in gran parte, proprio dalla proiezione dei nostri sé rinnegati su un'altra persona. Tutta l'emotività e la sensibilità che sono presenti in Roberto, sotto forma di sé rinnegati, sono state proiettate all'esterno e hanno incontrato Nadia che li incarna. Non è un caso, quindi, che Roberto si sia innamorato di lei.

A questo punto, ti potrebbe sorgere questa domanda: ma perché ci dovrebbero attirare degli aspetti che non ci piacciono e cerchiamo di segregare, in tutti i modi, nel nostro inconscio?

La risposta a questa domanda si riferisce alla nostra ricerca della completezza. Se pensi alle relazioni di coppia come un modo per completarci, allora riesci a vedere nel partner, che ha i tuoi sé rinnegati, un'occasione preziosa per sperimentare la completezza.

Ciò che hai rinnegato nel tuo processo di crescita non è sparito, ma in qualche modo, continua a rivendicare la sua presenza e qualcosa di potente ti spinge nella sua direzione.

2. Il Segreto dell'Innamoramento

Che cosa è l'innamoramento? Perché quando t'innamori idealizzi l'altra persona? Vedremo che questo succede perché l'altra persona ha alcuni tuoi sé rinnegati. Quando t'innamori il tuo equilibrio interno è infranto. Le caratteristiche primarie che hanno diretto la tua vita sino a questo momento, perdono il loro potere, perché nulla, o quasi, minaccia il tuo benessere. Finalmente il tuo Bambino interno vulnerabile non è più rinnegato e nascosto ed emerge felice, perché si sente al sicuro con

56

quella persona.

Superare la credenza che "l'amore è cieco".

Quando avrai finito di leggere questo capitolo avrai le idee più chiare su cos'è l'innamoramento. Sarai, inoltre, una persona libera dalle credenze limitanti sull'innamoramento.

Magari anche tu credi che l'innamoramento sia qualcosa che ci succede e che non si può comprendere. Beh, sei in numerosa compagnia. Molti credono che l'innamoramento sia qualcosa d'imprevisto e imprevedibile, che ci colpisce come le frecce di Cupido e ne deriva, quindi, che esso sia un fenomeno incomprensibile. Alcuni credono, addirittura, che non ci si possa far nulla, perché si è "caduti" preda dell'innamoramento.

Si crede che, quando c'innamoriamo, "cadiamo" in qualcosa di più forte di noi e d'incomprensibile. Nella lingua inglese e francese si dice, infatti, che la persona innamorata è "caduta" nell'amore: "Falling in love" per gli inglesi e "Tomber amoureux" per i francesi.

Ci hanno insegnato che "siamo ciechi" di fronte all'amore, quindi è inutile cercare di capire perché c'innamoriamo di una determinata persona, oppure di comprendere se lei o lui è veramente adatta a noi, oppure no.

La credenza comune è che, quando siamo innamorati, perdiamo la testa e diventiamo "pazzi d'amore". Siamo in una sorta di "pazzia" temporanea potenzialmente pericolosa ma giustificata.

Viviamo una parentesi temporanea delle nostre funzioni cerebrali, in particolare quelle della razionalità e della logica.

Alcune volte gli altri sperano che questa "pazzia" ci passi presto. Sperano che ci cada finalmente il "paraocchi", e che torniamo a essere le persone razionali che eravamo prima.

Comunque gli innamorati sono giustificati nel loro comportamento un po' folle, perché, come si sa: "Al cuore non si comanda". Qualcuno potrà anche dirci: "Non ti preoccupare, ti passerà presto".

Come probabilmente puoi dedurre, la credenza che l'amore sia cieco è ancora molto diffusa, ma dobbiamo liberarcene al più presto, perché è molto deleteria per i nostri rapporti di coppia. Essa, infatti, appartiene al passato ed è stata, in gran parte, smentita dalle ricerche contemporanee.

Ti rendi conto che, sino a quando resteremo convinti che l'innamoramento sia qualcosa d'incomprensibile, che l'amore sia cieco, che una persona innamorata sia solo un po' "folle", esso rimarrà tale. In psicologia questo fenomeno è chiamato "profezia che si auto avvera".

La psicologia può dirci molto sull'innamoramento e renderlo un'esperienza maggiormente comprensibile e gestibile. Questa comprensibilità dell'innamoramento è molto importante, perché si tratta di una delle esperienze umane più coinvolgenti, speciali, e universali, che possiamo vivere. L'innamoramento è un'esperienza in grado di smuovere enormi energie.

58

La sua caratteristica fondamentale è l'ambivalenza, nel senso che può permetterci di creare e vivere esperienze meravigliose, ma può anche distruggere ciò che abbiamo costruito con altrettanta intensità.

Nella nostra società vi attribuiamo enorme importanza, perché fa nascere quei sentimenti romantici che spesso portano al matrimonio. Eppure, l'innamoramento ha anche distrutto molti matrimoni e molte vite.

L'innamoramento è uno stato nascente (come afferma il sociologo Francesco Alberoni) capace di creare coppie e famiglie, ma anche di distruggerle. È un'esperienza che può aiutare i figli a distaccarsi dalla famiglia d'origine, ma anche di mettere genitori contro figli.

L'innamoramento è capace di sconvolgere la vita improvvisamente, di farci abbandonare tutto e tutti, ma anche di farci sentire vivi, vitali, gioiosi, fiduciosi in noi stessi.

Una cosa, però, è certa: visto che l'innamoramento fornisce una straordinaria energia per andare avanti nel viaggio di coppia, è importante distinguere, in questa esperienza, ciò che è reale e ciò che, invece, è ingannevole.

Vorrei aiutarti, quindi, a comprendere meglio che cos'è l'innamoramento. In particolare, vorrei chiarire in che modo possiamo trasformarlo da esperienza "subita", che accade nostro malgrado, a esperienza attiva e fondamentale per la nostra crescita personale e di coppia. L'innamoramento può, infatti, essere uno straordinario acceleratore della nostra crescita personale.

L'innamoramento come idealizzazione dell'altra persona.

In maniera improvvisa, siamo colpiti dall'espressione del volto di un'altra persona, da come parla, si muove o ci guarda. Siamo penetrati da un senso di bellezza, che suscita in noi il desiderio di raggiungerla e d'entrare in contatto con lei o lui.

Questa è l'energia dell'innamoramento che è molto potente. Nel corso dei secoli, essa ha sia ispirato, sia distrutto innumerevoli amanti. L'esperienza dell'attrazione e dell'innamoramento ci fa sentire intensamente vivi e, nello stesso tempo, molto confusi e perduti.

Non abbiamo alcuna idea da dove provenga l'intensità dei nostri sentimenti, perché ci sospingono in questo modo così intenso e dove ci conducono. Per questo motivo, l'innamoramento è desiderato da molti, ma fa anche molta paura.

La nostra cultura è molto ambivalente verso l'innamoramento. Da un lato lo glorifica come un momento raro di percezione dell'essere più profondo di un'altra persona, dall'altro lo considera come un "delirio ormonale" o come "Un tiro giocato dai nostri geni per indurci nell'inganno del matrimonio" (come ha affermato Scott Peck)

Perché l'attrazione verso una persona e l'innamoramento suscitano reazioni così contrastanti? È inevitabile che l'innamoramento sia solo un'illusione, che ci fa agire in modi di cui, poi, ci pentiremo? Può una coppia continuare ad attingere all'energia dell'innamoramento, dopo molti anni di rapporto?

Lo scrittore inglese D. H. Lawrence afferma che la scintilla dell'innamoramento nasce al confine tra due diversi mondi che si sfiorano. Egli afferma: *Che cos'è l'amata? È ciò che non sono...*

L'innamoramento è un fenomeno che diventa comprensibile utilizzando la quarta legge psichica, la quale afferma che:

Le persone che sopravvalutiamo e idealizziamo e di cui c'innamoriamo sono rappresentazioni dirette dei nostri sé rinnegati.

L'idealizzazione è una caratteristica fondamentale dell'innamoramento. Essa è spiegata chiaramente da questa terza legge psichica. Ritorniamo all'esempio di Roberto e Nadia, che abbiamo visto nel in precedenza, per comprendere meglio che cosa succede, quando due persone s'innamorano.

All'inizio del loro rapporto di coppia Roberto e Nadia si sono idealizzati a vicenda, perché ciascuno portava alcuni sé rinnegati dell'altro.

Roberto era affascinato dal modo inusuale di considerare la vita da parte di Nadia. Lei è cresciuta come una persona che esprime liberamente le sue emozioni e i suoi sentimenti senza tenerseli dentro. Nadia, con la sua sensibilità ed emotività, è stata idealizzata e sopravvalutata da Roberto, proprio perché è una rappresentazione diretta dei suoi sé rinnegati.

La stessa cosa è avvenuta per Nadia, che è cresciuta in una famiglia in cui l'educazione ha mirato a farla diventare una figlia, e futura moglie, molto sensibile, emotiva e amorevole.

L'atteggiamento molto emotivo e reattivo era dominante anche nella famiglia di Nadia. I sui genitori erano, anche loro, molto emotivi e per questo motivo litigavano spesso, ma lei ha affrontato questa situazione in maniera opposta rispetto a Roberto.

Sin da piccola, Nadia si è identificata con la madre ed è diventata molto emotiva e reattiva come lei. I sé primari di Nadia sono diventati quelli dell'emotività e della reattività. I suoi sé rinnegati, quindi, sono proprio la razionalità e il controllo delle emozioni che caratterizzano Roberto.

È facile vedere come questi aspetti del suo inconscio potevano proiettarsi su Roberto e viceversa.

Queste proiezioni reciproche dei sé rinnegati sono il punto di partenza di molte relazioni di coppia.

Che cosa accade, quando c'innamoriamo?

L'inizio di una relazione è un tempo magico di meravigliosi sentimenti e di eccitazione, dove le possibilità ci sembrano infinite. Un nuovo mondo si apre davanti a nostri occhi.

In una sua poesia D. H. Lawrence afferma:

Ho steso la mano di notte, una notte, nella mia mano ho toccato ciò che veramente non ero. Era l'ignoto...

L'altra ha strani occhi verdi!

E una terra che pulsa!

Ha pure...ha strani monticelli appuntiti e strani declivi, e candide discese...

Toccavo il suo fianco e sapevo di essere trasportato in un

62

nuovo mondo...

Il mondo ti sembra nuovo, perché lo stai percependo con occhi diversi.

Innamorarsi è una delle esperienze più belle e toccanti della nostra vita. Chi non ha mai provato la magia, l'intensità, l'esaltazione, ma anche la paura che si prova con l'innamoramento?

L'inizio di una relazione ci confronta con l'attrazione e il desiderio, con la meraviglia della scoperta, ma anche con il timore di essere respinti. Il nostro lui o lei ha caratteristiche che a noi sembrano incredibili. Pensiamo, che sì, sia finalmente lui o lei, la persona che abbiamo sempre sognato, rincorso e immaginato d'incontrare.

Finalmente abbiamo la possibilità di vivere il nostro innamoramento con pienezza, con abbandono, perché il nostro lui o lei ci ricambia e sembra sentire la nostra stessa attrazione. Anche lui o lei sembra vederci con gli stessi occhi pieni di desiderio.

Molti di noi, a questo punto, pensano di aver raggiunto la meta desiderata, perché si crede alla fatidica frase: "E vissero tutti felici e contenti." Ma non è così. In realtà, a questo punto succedono cose che vanno oltre la felicità e la contentezza e che ci mettono alla prova come uomini e donne. Questo perché la felicità e la contentezza non sono assicurate, ma vanno conquistate.

L'innamoramento ha a che fare con i nostri sé primari e rinnegati? La mia risposta è chiaramente positiva.

Pensa a come hai vissuto la fase dell'innamoramento. Hai avuto la sensazione che il tuo lui o la tua lei aveva delle abitudini, delle caratteristiche, delle qualità che erano, in alcuni casi, diametralmente all'opposto delle tue?

Tu magari sei una persona molto razionale e ami l'ordine e la puntualità, mentre l'altra persona è molto emotiva, disordinata e arriva sempre in ritardo. L'altra persona ama la musica jazz e conosce tutti i musicisti di questo genere, ma a te non è mai interessato più di tanto questo genere di musica. Ora, il jazz t'interessa moltissimo e hai persino acquistato una collezione di C.D. per capirci qualche cosa di più. Chi l'avrebbe mai detto?

L'altra persona è molto spirituale, frequenta corsi di yoga e l'odore dell'incenso riempie la sua stanza, mentre tu sei un materialista e hai sempre considerato queste persone come dei seguaci illusi di guru con la tonaca color zafferano. Ora t'interessi anche tu di spiritualità e stai prendendo in considerazione d'iscriverti a un corso di Tai Chi, che ti sembra un po' meno spirituale, ma è pur sempre collegato all'Oriente.

Questi aspetti, che piacciono all'altra persona, ma che non ti sono mai interessati più di tanto, diventano improvvisamente molto appassionanti. In altri momenti ti avrebbero disturbato, se intravisti in altre persone ma, ora, che li hai scoperti come una delle caratteristiche importanti dell'altra persona, ecco che ti appaiono affascinanti. Queste caratteristiche sconosciute sono diventate uno scrigno di tesori nascosti, tutto da scoprire.

Ora, per sentirti sempre più vicino alla donna o all'uomo dei tuoi sogni, t'interessi anche alla musica jazz, il suo disordine ti appare un po' bohémien e la mancanza di puntualità ti sembra un capriccio adorabile.

Tutto ciò che era così importante prima, ora può aspettare, scopri che ti piacciono anche le poesie, che i film ti commuovono,

64

che un paesaggio o un tramonto ti porta col pensiero a lui o lei.

Il mondo ti appare straordinario e nuovo, perché lo vedi con occhi diversi, perché in parte lo percepisci con gli occhi dell'altra persona. Senti maggiore libertà. Senti di avere gettato il tuo sguardo in un altro mondo che ti affascina.

Tutte queste sono sensazioni vere, infatti, il meccanismo che regola l'attrazione fra i due innamorati è quasi scientifico. Lo abbiamo visto precedentemente: ognuno vibra con gli aspetti rinnegati dell'altro.

Perché l'altra persona ti attrae pur avendo alcune caratteristiche molto diverse dalle tue? La risposta è nella nostra natura di esseri umani che tendono verso la totalità e la completezza dell'essere. Quando sei accanto a qualcuno che porta, così spudoratamente, gli aspetti di te di cui hai bisogno per la tua crescita e la tua evoluzione, ti senti vibrare e scatta il meccanismo dell'innamoramento.

Questo è ciò che succede nella prima meravigliosa fase dell'attrazione. Ogni ampliamento della tua esperienza e della tua percezione è un "dono" che l'altra persona ti porta e che ti fa toccare il cielo con un dito.

Il gruppo di sé primari, che costituiscono la tua personalità, si è allentato e ha perso potere. Ora, i tuoi sé primari non ti tengono più, così rigidamente, sotto controllo. Per seguire e compiacere l'altra persona ti permetti di far emergere alcuni tuoi sé rinnegati. In particolare lasci emergere il tuo sé rinnegato del Bambino interiore vulnerabile. Ora, puoi accedere ai sé rinnegati da cui la tua educazione e la tua esperienza ti hanno allontanato.

Che cosa accade, dal punto di vista psicologico, quando

t'innamori?

Utilizzando l'approccio della Psicologia dei sé, sviluppata da Hal e Sidra Stone, possiamo dire che, quando t'innamori i tuoi sé primari perdono il loro potere ed emergono quelli rinnegati.

Al tuo interno hai un gruppo di sé primari, che costituiscono la tua personalità. Questo gruppo di sé primari ti aiuta ad adattarti al mondo attorno a te, in modo che il tuo Bambino interno vulnerabile non sia ferito.

Quando t'innamori la maggior parte delle regole, attentamente elaborate dai tuoi sé primari, vanno a gambe all'aria. Il tuo Bambino interiore "scappa", per così dire, dal suo nascondiglio sicuro in cui l'avevi rifugiato e sbuca fuori per dare un'occhiata al mondo che, in questo meraviglioso momento, sembra abbastanza sicuro e accogliente, proprio grazie alla presenza della persona amata.

Quando hai vicina la persona amata, attraversi la vita senza la solita cautela che t'imponevano i tuoi sé primari. Sei capace di vedere e sentire cose che prima ti erano sconosciute ed è come entrare in un nuovo mondo, pieno di nuove possibilità.

Sino a questo momento hai vissuto la tua vita sulla base di un piccolo gruppo di sé primari e hai percepito il mondo attraverso di loro. Il loro quadro di riferimento era diventato il tuo.

Ora, con l'innamoramento, quest'equilibrio interno si è infranto. Le tue caratteristiche primarie, che hanno diretto la tua vita, perdono il loro potere, perché nulla, o quasi, minaccia il tuo benessere. Il tuo Bambino interno è felice e si sente al sicuro con la persona amata.

Visto che le tue caratteristiche primarie hanno perso il loro potere, i tuoi sé rinnegati emergono naturalmente.

Vediamo qualche esempio di quello che succede.

Quando t'innamori il tuo Critico interiore, che sino a quel momento ha valutato il tuo aspetto fisico in maniera negativa, improvvisamente sembra sparito. Guardi negli occhi della persona amata e ci vedi la tua bellezza. Ti senti amabile così come sei.

Il tuo Critico interiore ha perso il suo potere su di te e ti senti attraente e amabile, proprio perché l'altra persona ti vede così.

Quando t'innamori anche la tua parte Perfezionista perde il suo potere, perché ora il mondo non ha bisogno d'essere migliorato ed è perfetto così com'è. Guardi la realtà attraverso i leggendari "occhiali rosa dell'amore". Ti risparmi l'esame rigoroso della tua parte perfezionista e puoi, finalmente, vivere la tua vita in maniera più rilassata.

Quando t'innamori anche la tua parte Attivista perde il suo potere. Improvvisamente, tutto ciò che era così importante in precedenza, può aspettare un po'. La cosa più importante è, ora, passare più tempo possibile con la persona amata.

Quando t'innamori anche il tuo sé razionale, che valuta la vita e stabilisce aspettative sensate e razionali, comincia a starti stretto. Fino a ora, è stato lui a decidere quali sentimenti erano accettabili in ogni situazione, rigettando quelli che gli sembravano inconsistenti, immaturi o eccessivamente ottimisti. Con l'innamoramento scopri che il serio punto di vista del tuo sé razionale può essere accantonato ed emerge la tua parte più gioiosa e ottimista.

Quale meraviglioso dono di energie ti viene offerto dalla persona amata quando t'innamori! Questo dono ti arriva in due modi. Il primo dono è la liberazione naturale di un certo numero di sé rinnegati, che ti portano nuova vitalità ed energia. Il secondo dono è quello delle proiezioni positive che rivolgi verso l'altra persona e che ti fanno stare bene.

Noi, letteralmente, proiettiamo sull'altra persona le qualità che possono, o no, appartenerle. Nell'innamoramento, queste proiezioni sono tutte positive. La persona cara rappresenta, in gran parte, quello che vorremmo essere. Il fatto di vedere queste qualità nell'altra persona attiva il tuo sé interiore, che corrisponde a queste caratteristiche, come se si stabilisse una risonanza energetica e le energie dei partner si sincronizzassero tra loro.

Superare la credenza del "colpo di fulmine".

Sei tra coloro che credono al mito del colpo di fulmine, all'idea, cioè, che il vero amore si riconosca sin dal primo istante?

Lo si vede nei film. Lo si ascolta nelle canzoni. Lo si legge in molti romanzi d'amore. Lo si sogna, quando si è tristi e soli. Perché non ci devi credere anche tu?

Chiara, ad esempio, ne aveva sentito parlare sin da bambina, nelle favole e nei racconti, e sognava il momento in cui avrebbe guardato un uomo negli occhi e avrebbe capito, istantaneamente e senza il minimo dubbio, di aver incontrato l'anima gemella. Un'emozione meno intensa le sarebbe parsa soltanto una pallida imitazione di ciò che, secondo lei, doveva essere il vero amore. Poi ha capito che era una credenza che l'aveva spinta, più volte, a lasciarsi prendere dal sentimento e dalla magia dei sensi, evitando di prestare

68

la dovuta attenzione al resto del rapporto con un determinato uomo.

Qui siamo di fronte a una convinzione limitante, da superare il più presto possibile. Essa ti porta a credere che il vero amore si riconosca fin dal primo istante, come un "fulmine a ciel sereno". Niente di più falso e fuorviante!

Le conseguenze di questa credenza limitante sono le seguenti:

Chi è vittima di questa credenza, pensa che il vero amore colpisca come un fulmine a ciel sereno.
Queste persone credono che, quando s'incontra il vero amore, si capisca subito e non si deve avere alcun dubbio di avere incontrato l'anima gemella.

Le persone che sono dominate da questa credenza limitante, pensano anche che un'emozione poco intensa nei confronti di qualcuno sia solo una pallida imitazione di ciò che dovrebbe essere il "vero amore".

La realtà è un'altra e può essere riassunta in questo modo:

Occorre un istante per sperimentare l'attrazione, ma un buon rapporto richiede tempo e consapevolezza.

Se sei vittima di questa credenza limitante dell'amore a prima vista o del "colpo di fulmine", puoi incorrere in due problemi:

1. Ti lasci prendere dal sentimento e dalla magia delle sensazioni, evitando di prestare la dovuta attenzione al resto del rapporto.

2. Ti lasci ingannare dai primi magici momenti e magari perdi

l'occasione di un amore soddisfacente e duraturo.

L'esempio di Enrico ed Elena.

Un esempio del primo problema è Enrico, che è folgorato da un amore a prima vista nei confronti di Elena. Enrico incontra Elena a una festa di amici ed è subito amore a prima vista.

Quel primo incontro è stato la notte più romantica della sua vita e ha ballato con lei, tutta la notte nel patio scoperto alla luce delle stelle. Dopo quella notte Enrico ed Elena si mettono insieme.

Dopo nove mesi di rapporto, Elena chiede a Enrico un impegno più serio: in parole povere gli propone il matrimonio.

Enrico le dice di aver bisogno di tempo, che non vuole precipitare le cose, ma lei continua a insistere dandogli un ultimatum: se non la sposava lei lo avrebbe lasciato.

Enrico non è entusiasta dell'idea del matrimonio, perché ha alcune perplessità sul rapporto, ma pensa: come potrebbe essere un errore visto che dal primo momento, che l'ho vista, ho provato una fortissima attrazione per lei e già desideravo sposarla? Enrico continua a ripetersi quanto fosse stato innamorato pazzo di Elena, fin dal principio. Pensa che le sue titubanze verso il matrimonio siano solo dovute al rifiuto di crescere e, quindi, la sposa.

Purtroppo, dopo due anni di matrimonio Enrico ed Elena si sono lasciati. Enrico dice che il suo rapporto con Elena non era mai stato pari alla magia di quella prima sera. Certo, Elena è bella, ma ha anche un carattere orribile. Lei mi dominava con le sue furie e poi

70

beveva troppo, il che rendeva le sue sfuriate ancora più frequenti.

Enrico ha aspettato a lasciarla più di quanto avrebbe dovuto, perché dubitava dei suoi sentimenti e pensava a com'era stato bello e perfetto il loro primo incontro. Lui si nascondeva dietro il paravento delle sensazioni provate al primo incontro e le usava per ravvivare le sue fantasie sulla relazione con Elena, invece di guardare in faccia la realtà della vita infelice che faceva con lei.

Solo superando la sua convinzione limitante, Enrico è riuscito a fare la cosa giusta.

Se sei vittima della sindrome da "colpo di fulmine", ti lascerai ingannare dai primi magici momenti e potrai perdere l'occasione di un amore soddisfacente e duraturo.

L'esempio di Beatrice e Paolo.

Tutto questo stava succedendo, ad esempio, a Beatrice nella sua relazione con Paolo.

Beatrice, di solito, era attratta da uomini affascinanti che regolarmente la piantavano o la tradivano, facendola soffrire molto. All'inizio, queste relazioni sembrano meravigliose e lei si sentiva innamorata alla follia, poi , a un certo punto, finiva tutto e lei si ritrovava da sola a raccogliere i cocci.

L'anno precedente, quando Beatrice aveva deciso di chiudere definitivamente con gli uomini, incontrò Paolo.

S'incontrarono a casa della sua amica e cominciarono a vedersi, in gruppo, per la fine settimana. Sin dall'inizio Paolo le era piaciuto, ma lei non aveva preso in considerazione l'idea di uscire con lui, perché non lo considerava il suo tipo.

Beatrice e Paolo diventarono grandi amici. Parlavano per ore al telefono la sera, si confidavano cose che non avevano mai detto a nessuno, passavano insieme la maggior parte delle loro serate.

Una sera, all'improvviso, mentre tornavano dal cinema, Paolo la baciò sulla bocca. Sul momento Beatrice era un po' perplessa, poi si rese conto che era piacevole. Paolo le confessò di aver desiderato tutto questo da mesi; pensava di essere innamorato di lei e glielo disse con chiarezza.

Beatrice era totalmente confusa. Una sua parte era eccitata dall'idea di avere una relazione con Paolo, un'altra parte di lei era spaventata e pensava che sarebbe stato meglio mantenere una relazione d'amicizia.

Quest'ultima parte spingeva Beatrice a pensare che Paolo fosse solo un amico, non un amante e di certo non era il tipo d'uomo con il quale sarebbe stata bene insieme. Questa parte di Beatrice era l'espressione della sua convinzione che il vero amore si esprime, da subito, come un colpo di fulmine, come un amore a prima vista. Questa convinzione stava rischiando di far perdere a Beatrice un rapporto importante.

Beatrice credeva così ciecamente nella convinzione dell'amore a prima vista, che non sapeva riconoscere la profondità dei suoi sentimenti per Paolo. Non riusciva a convincersi che potesse trattarsi veramente di amore, dato che non c'era stato nessun colpo di fulmine nei loro primi incontri.

Come altre persone affette da questa convinzione, Beatrice era in attesa del "sublime innamoramento" e non sapeva riconoscere il vero amore che era nato nel rapporto con Paolo.

Essere affetti dalla sindrome da colpo di fulmine è uno dei modi più pericolosi, per abbassare il proprio quoziente d'intelligenza relazionale. Chi è affetto da questa sindrome cerca spesso dall'altra persona i difetti e trascura le qualità.

Che cos'è l'amore a prima vista? Che cosa si prova quando si ha una sensazione dell'innamoramento istantaneo?

Se consideri più a fondo la questione, scoprirai che l'amore a prima vista è, in molti casi, una semplice attrazione fisica, oppure è attrazione per l'immagine di un'altra persona.

Nel primo caso, delle reazioni puramente sessuali, sono rivestite di emozioni, che non hanno un vero fondamento nella realtà. Non puoi fare a meno di pensare a lui o a lei, non perché provi amore nei suoi confronti, ma perché provi attrazione fisica e sessuale.

Una forte attrazione fisica, specialmente da qualcuno che corrisponde all'idea che ci siamo fatti del partner ideale, può essere facilmente scambiata per amore, in particolare quando si è in costante attesa del colpo di fulmine.

Talvolta, quando si crede di essere innamorati di qualcuno, in realtà si è solo attratti dalla sua immagine. Si è attratti dall'aspetto, dal ruolo, dalla ricchezza, da quello che possiede l'altra persona, o dalle cose che ha realizzato nella sua vita.

Certo, ci sono delle coppie che affermano di aver capito, fino dal primo appuntamento, che il loro rapporto sarebbe durato tutta la vita. Queste coppie hanno riconosciuto, istantaneamente, qualcosa di speciale l'uno dell'altra, ma il vero amore si è sviluppato nel tempo.

Ecco che cosa succede in realtà:

Basta un istante per un'infatuazione, ma il vero amore richiede molto tempo.

Questa realtà la puoi comprendere con l'analogia del cammino. Immagina di voler accendere un cammino per avere un po' di caldo in casa. Hai a disposizione della carta di giornale e grossi pezzi di legna.

Se accendi il camino solo con la carta di giornale, essa farà una grande fiammata, ma si spegnerà in breve tempo. Se utilizzi, invece, solo la legna hai difficoltà ad accenderla, perché quella che hai a disposizione è troppo grande. Cosa puoi fare?

La cosa migliore è utilizzare i fogli di carta per accendere i grossi pezzi di legna. Quando la legna prenderà fuoco, brucerà lentamente e sicuramente per molto tempo.

Molte persone pensano solo all'ardore della fiamma iniziale, invece di cercare un partner con il quale costruire un rapporto soddisfacente e duraturo. La cosa migliore è certamente avere entrambe le cose: la carta di giornale e la legna per accendere un fuoco che duri nel tempo.

Se però ti è capitato di scegliere ripetutamente partner non adatti, forse è giunto il momento di cercare la "legna", piuttosto che la "fiamma".

3. Il Segreto del Bambino interiore

Il Bambino interiore è una parte della nostra personalità molto importante, che purtroppo, in molti casi, è rinnegata e nascosta nel nostro inconscio. È la parte di noi che resta sempre piccola e vulnerabile e che, quindi, mantiene in sé le caratteristiche legate al mondo della nostra infanzia e fanciullezza. E' l'aspetto di noi che porta nella nostra vita la giocosità, la creatività, lo stupore, il contatto con lo spirito, ma anche il bisogno e la vulnerabilità. La chiave per raggiungere un'adeguata intimità nel rapporto di coppia consiste nel riprendere contatto con il nostro Bambino interno vulnerabile.

Che cosa è il Bambino interiore?

Mentre esamini ogni parola di questo capitolo, inizi a scoprire un nuovo mondo che è costituito dal tuo Bambino interiore. Ma per comprendere ed entrare in contatto con il tuo Bambino interiore, devi superare una credenza limitante molto diffusa. Il senso comune, infatti, nega l'esistenza del Bambino interiore.

Molte persone pensano che, con la crescita, si perdano completamente i tratti infantili. Questa credenza porta a pensare al bambino e all'adulto come se fossero due esseri distinti; è come se il bambino, crescendo, perdesse i suoi tratti infantili e diventasse sempre più maturo, forte, realistico e razionale. Quando è terminata questa maturazione, il bambino che sei stato, non c'è più, tranne che nel ricordo.

Questa convinzione porta a vedere l'essere umano come se fosse un computer che, con la crescita, ha una sorta d'inserimento di un nuovo sistema operativo che cancella e sostituisce, del tutto, il precedente. In questa convinzione, come puoi immaginare, quando sei adulto non sei più bambino e basta! Probabilmente intuisci che non è così, e questo te lo possono confermare molti studi e ricerche psicologiche.

Numerosi approcci psicologici sostengono, infatti, che questa nostra parte infantile non si perde realmente del tutto, ma è gradualmente dimenticata, fino a diventare inconscia. Si può affermare che i tratti sempre più maturi e complessi che apprendi nel percorso della tua crescita non sostituiscono, né cancellano ciò che eri precedentemente, ma si sovrappongono piuttosto alle caratteristiche del tuo passato inglobandole.

Immagina la tua psiche come se fosse un albero. Gli alberi crescono sovrapponendo strati sempre più ampi a quelli precedenti. Gli anelli centrali, che testimoniano i primi anni di vita dell'albero, sono tuttora presenti. E potremmo dire che l'albero cresce fisicamente attorno a se stesso.

Puoi immaginare che tutto questo valga anche per la crescita della personalità umana? Ciò che un tempo era lo strato più esterno diventa, in seguito, quello più interno, che non va mai perduto.

Ne consegue che noi manteniamo non solo il ricordo, ma anche la presenza effettiva di tutti i processi e i tratti tipici degli stadi evolutivi precedenti. In altre parole, in noi sono contemporaneamente presenti il neonato, il bambino, l'adolescente, il giovane e l'adulto. Queste parti si trovano collocate in strati diversi della nostra coscienza e non sono accessibili in condizioni ordinarie, ma si possono manifestare in particolari situazioni.

Pensa, ad esempio, al linguaggio infantile che adottiamo, quando siamo innamorati o alle lacrime di commozione che ci stimolano certi film o racconti. Queste parti del passato, anche se inconsce, influenzano il nostro modo di pensare, di sentire e agire nel presente.

Per la Psicologia dei sé noi siamo esseri unici e speciali; abbiamo una specie di "impronta digitale psichica", che c'identifica e ci rende differenti da qualsiasi altra persona. Questa "impronta digitale psichica" risiede proprio nel nostro Bambino interiore, che rappresenta quello che abbiamo vissuto nella nostra infanzia ed è con noi per tutta la vita.

Considera, quindi, che il primo sé che compone la tua psiche sia proprio questo Bambino interiore. Questa parte di te costituisce la tua vulnerabilità, e proprio per questo hai sviluppato le tue caratteristiche primarie: allo scopo di difendere e proteggere il tuo Bambino interiore.

Alla nascita, hai la capacità di sviluppare un numero quasi illimitato di sé, che sono i mattoni di costruzione della tua personalità adulta Nella tua infanzia, facevi attenzione e tutto ciò che accadeva intorno a te. Dipendevi totalmente da chi ti stava attorno, per ottenere l'attenzione e l'amore di cui avevi bisogno. Eri quindi molto dipendente e vulnerabile nei confronti degli altri.

Hai iniziato, quindi, a costruire una corazza attorno a questa tua vulnerabilità. Hai imparato a stabilire, in qualche misura, un controllo sull'ambiente e sulle persone che ti circondavano. La tua personalità si è sviluppata proprio con il compito principale di difendere la tua parte di Bambino vulnerabile.

Il Bambino interiore è una parte della tua personalità molto importante, che in molti casi è rinnegata e nascosta nel tuo inconscio. È la parte di te che resta sempre bambina e che quindi mantiene in sé le caratteristiche legate al mondo della tua infanzia e fanciullezza. E' l'aspetto che porta nella tua vita la giocosità, la creatività, lo stupore, il contatto con lo spirito, ma anche la tua vulnerabilità.

Il Bambino interiore è presente anche all'esterno nei miti, nelle favole, nei film (come, ad esempio, quelli di Walt Disney). Pensa a Biancaneve, a Pollicino, a Cenerentola, a Hansel e Gretel. Tutte queste storie ti parlano di bambini maltrattati, abusati, di mostri e streghe cattive, ma pure di magia e salvezza, di redenzione e potere. Anche attraverso le favole e i miti tu puoi recuperare il contatto con il tuo Bambino interiore.

Questo avviene perché hai la capacità d'identificarci con questa tua importante parte. Tutti siamo stati piccoli e indifesi, siamo stati sgridati o abbiamo subito ingiustizie e frustrazioni. Tutti abbiamo avuto paura di perdere la sicurezza, l'approvazione, l'amore dei nostri genitori. Tutti avremmo voluto, per magia, recuperare l'amore, il calore, il benessere originario.

Il Bambino interiore è, quindi, una realtà della tua struttura psicologica profonda. Il primo che ha parlato del Bambino interiore è stato Jung nel 1912. È lui che ha coniato il termine di "Puer aeternus" (Fanciullo eterno), che sarà ripreso da altri psicologi e terapeuti dell'epoca, che addirittura ne parleranno come del nostro "vero io".

Perché Jung ha focalizza tanto la sua attenzione sul bambino? Per Jung il bambino rappresenta l'inizio e la fine, la creatura che esiste prima dell'uomo, ma anche la creatura finale, o meglio, un'anticipazione di quello che la creatura sarà, un'anticipazione della vita oltre la morte.

Quindi l'archetipo del Fanciullo eterno è legato alla *"nascita e rinascita"*. È legato a tutte le qualità di gioia e creatività, ma può avere anche una connotazione negativa. Marie Louise Von Frantz, allieva di Jung, prende in esame, nel suo libro *"Il Puer aeternus"* proprio questo aspetto negativo, di Ombra, che può rivelare il nostro Bambino interiore.

Infatti, se da un lato il Bambino interiore rappresenta il rinnovamento della vita, la spontaneità, e una nuova apertura verso il futuro, dall'altro manifesta anche un aspetto distruttivo: l'infantilismo che deve essere sacrificato per crescere.

L'identificazione con il Bambino interiore è ciò che spinge l'adulto a essere dipendente, pigro, a fuggire i problemi e le responsabilità della vita. E' come se il bambino interiore facesse i capricci, come se dicesse: *Voglio tutto. Voglio averlo ad ogni costo e sono gli altri che me lo devono dare.*

Che cosa significa tutto questo? Qui, puoi vedere il pericolo dell'identificazione con il tuo Bambino interiore, che può portarti all'**infantilismo** e al **vittimismo**.

Molti uomini, infatti, vivono il "Complesso di Peter Pan" e si comportano prevalentemente in maniera infantile. Molte donne vivono il "Complesso di Cenerentola", e rimangono in costante attesa del principe che le sottragga da una situazione insostenibile.

Una persona adulta che utilizza nel suo modo d'essere solo il Bambino interiore, può sembrare sicuramente gioiosa, simpatica, e socievole, ma può anche essere totalmente incapace di prendere decisioni, di assumersi delle responsabilità, di sacrificarsi, di fare le cose regolarmente. È una persona molto socievole, ma ha sempre bisogno di appoggiarsi a qualcuno e dipende dagli altri. È una persona che non sa cavarsela da sola, perché è infantile.

Ti chiederai: Come si può essere una persona adulta senza perdere il contatto con il mio Bambino interiore? Come posso uscire dalla vita fantastica dell'infanzia mantenendo il contatto con il mio Bambino interiore?

La soluzione consiste nel riprendere contatto con il tuo Bambino interiore attraverso il tuo Sé consapevole, che è il solo aspetto in grado di gestire i suoi aspetti luminosi e d'ombra. Non c'è altra strada, è necessario conoscere e accettare questa parte di te e farla rifiorire per recuperare le sue qualità. E' necessario restare bambini, pur essendo diventati adulti. E' necessario recuperare la spontaneità, la creatività, la fantasia per equilibrare un mondo adulto spesso svuotato, in cui manca l'entusiasmo, in cui non si sa godere del qui e ora, in cui ci si vergogna a esprimere le proprie emozioni.

Tieni presente che lo ha detto persino Gesù: "Se non diventerete come bambini, non entrerete nel regno dei cieli".

La perdita di contatto con il Bambino interiore.

Perché hai perso il contatto con il tuo Bambino interiore? Perché lo hai rinnegato e lo tieni nascosto nel tuo inconscio?

La risposta è semplice: perché intorno a questa parte, nel corso della tua crescita, si è sviluppato il tuo sistema protettivo dei sé primari, che costituisce la tua personalità, la tua maschera, la tua corazza difensiva. Vivendo in mezzo agli altri devi anche saperti proteggere, ma il sistema protettivo dei tuoi sé primari, spesso finisce per rinnegare il tuo Bambino interiore, rendendolo inaccessibile.

In molti casi non sei più in contatto con il tuo Bambino interiore, perché t'identifichi con il mondo dei "grandi", degli adulti. Si diventa "seri" e "responsabili" e senti il tuo Bambino interiore come qualcosa di minaccioso. Però il Bambino interiore continua a vivere dentro di te.

Tutti aspiriamo ad avere relazioni sincere, intime e nutritive, ma ti costa molto crearle e mantenerle, perché quando ti apri a qualcuno, prima o poi, si risvegliano le tue ferite, le insicurezze e le carenze più profonde che ti porti dentro, nel tuo Bambino interiore. Quando non affronti adeguatamente queste difficoltà, esse ti provocano angoscia, sfiducia, risentimento, lotte di potere, isolamento o dipendenza, e danneggiano l'amore e l'intimità.

Come puoi immaginare, tutto questo si manifesta come un rifiuto o una barriera all'amore e all'intimità con l'altra persona, o con paure paralizzanti, sentimenti di svalutazione, o incapacità di aprirti al cambiamento, di lasciare persone o situazioni che ti producono sofferenza, di avanzare nel tuo progetto vitale.

Nascosta dietro la tua personalità di persona adulta hai una base emozionale, molto vulnerabile e sensibile, segnata dalle esperienze della tua fanciullezza. Nella tua vita quotidiana il Bambino interiore percepisce e interagisce col mondo che lo circonda dirigendo inconsciamente le tue emozioni e il nostro comportamento.

Probabilmente sai che è l'ignoranza, la negazione o la minimizzazione del tuo Bambino interiore ferito che fa sì che tu attiri persone o circostanze che non soddisfano le tue necessità.

Sì, rinneghi in tuo Bambino interiore finisci per attrarre persone che ti respingono o ti tradiscono. Sviluppi relazioni che generano dipendenza, sfiducia, risentimento, sentimenti di colpa o impotenza. Oppure tendi ad alleviare la tua frustrazione e insicurezza con comportamenti di dipendenza e assuefazione. Ti rinchiudi nel tuo mondo, nascondendoti dietro una "corazza" che aumenta la tua sensazione di solitudine e vuoto.

Come sai, veniamo al mondo ricettivi, aperti e innocenti, con la capacità di amare e fidarci degli altri. Poco alla volta, però, la nostra fiducia negli altri e nella vita in generale si deteriora e il nostro cuore si chiude; e non ci sentiamo più compresi, accettati, rispettati per quello che siamo. Allora abbiamo paura di essere invasi e non sappiamo porre dei limiti agli altri, oppure tendiamo a perderci nell'altra persona, quando ci apriamo.

Come puoi ben capire, è la nostra paura e sfiducia che si alimentano delle ferite del nostro passato, che ci riempie di paure e ci dà una sensazione di mancanza e di risentimento.

La conseguenza di tutto ciò è che ostacoliamo continuamente la nostra relazione di coppia con vecchi schemi e abitudini. E allora

"Il Segreto dell'Attrazione nella coppia"
Scopri il segreto dell'attrazione, dell'innamoramento e della scelta del partner.

reagiamo compulsivamente, esigendo, colpevolizzando, tagliando la comunicazione con l'altra persona, isolandoci, essendo disonesti, bugiardi, ecc.

Imparare ad amare significa apprendere a fidarsi, di nuovo, di un'altra persona. Per comprendere e dissolvere i modelli che stanno ostacolando l'amore devi rientrare in contatto col tuo Bambino interiore, con quella parte di te, molto vulnerabile e sensibile, che non ha ricevuto sufficiente amore. Questa parte di noi non si sente mai sufficientemente amata. Essa diffida dell'altra persona, perché per ricevere un po' di amore ha dovuto tradirsi, essere o fare quello che gli altri si aspettavano da lei. Oppure ha deciso d'isolarsi rinunciando all'amore e all'intimità per paura di sentirsi, un'altra volta, invasa, soffocata o annullata.

Qui esploreremo come siamo stati invasi oppure tendiamo a essere intrusivi con gli altri e come, senza rendercene conto, ripetiamo lo stesso schema all'interno del nostro rapporto di coppia.

Alcuni di noi sono stati invasi talmente tante volte che lo considerano normale, e neanche riconoscono, quando invadono gli altri. Alcune volte invitiamo perfino gli altri a invaderci, perché crediamo che così otterremo l'amore che necessitiamo.

Ti propongo, quindi, di recuperare la connessione con la tua energia vitale, che è costituita dal tuo Bambino interiore. Imparerai ad ascoltarti di più, a rispettarti, a comunicare meglio e a porre dei limiti. Dissolverai vecchie barriere che ti mantengono in esperienze passate e che non hanno più nessuna utilità.

Il segreto della nostra vulnerabilità.

Il nostro Bambino interiore vulnerabile è la chiave di accesso all'intimità nel rapporto di coppia. È la parte di noi più vicina alla nostra essenza; essa è molto vulnerabile, ma anche straordinariamente sensibile e percettiva.

Quando ci rapportiamo a un'altra persona attraverso il nostro Bambino interiore usiamo il cuore, non la mente. Questo ci permette di entrare in profonda intimità con l'altra persona, con un rapporto a cuore aperto. Abbandoniamo le solite difese e ci rapportiamo in modo completo, a cuore aperto.

Per questo motivo, il Bambino interiore, in particolare quello vulnerabile, è la chiave d'accesso all'intimità nel rapporto di coppia.

Nella tappa dell'innamoramento i partner fanno emergere i rispettivi Bambini interiori e, manifestando la loro vulnerabilità, realizzano una profonda intimità. Gli innamorati si rapportano tra loro attraverso il Bambino interiore che, finalmente, ha la possibilità di uscire dal suo nascondiglio ed esprimersi. Questo rapporto a cuore aperto è molto bello e palpitante di emozioni, ma purtroppo non dura molto.

A un certo punto del rapporto il Bambino interiore e di nuovo rinnegato e nascosto nell'inconscio. Riemerge lo scudo protettivo dei nostri sé primari che, come guardiani, rendono inaccessibile il nostro Bambino interiore. Perdiamo, di nuovo, perso il contatto con la nostra vulnerabilità e conseguentemente la nostra capacità di entrare in rapporto intimo profondo con l'altra persona. Il nostro cuore è richiuso e, al suo posto, emergono le strategie della nostra mente.

84

Quando la nostra vulnerabilità non è più disponibile, non abbiamo più accesso alle parti di noi capaci di creare intimità, collaborazione e unione. Allora ci rapportiamo all'altra persona con lo scudo protettivo dei nostri sé primari, che temono la vulnerabilità e sono tranquilli, solo quando siamo all'interno di un ruolo, di una posizione di potere che ci protegge come una corazza.

Queste nostre parti di potere, però, non sono adatte alla realizzazione di un rapporto intimo. Quando desideriamo calore, condivisione e profondità di sentimenti, dobbiamo connetterci all'altra persona senza questo strato protettivo. L'intimità si può realizzare solo grazie alla libera espressione del nostro Bambino interiore all'interno del rapporto.

Quando la vulnerabilità entra a far parte del rapporto di coppia i partner si sentono più intimi e le cose tra loro vanno meglio. Quando, invece, i partner perdono il contatto con la loro vulnerabilità, o non la rispettano, si perde una parte essenziale della connessione di coppia. Allora i partner si sentono, di nuovo, soli e sperduti.

Solo se i partner ritrovano il contatto con questa vulnerabilità possono riscoprire la magia del rapporto e sentirsi ancora innamorati. Chiunque ha il privilegio di vedere, ascoltare e di entrare in contatto con il Bambino vulnerabile di un'altra persona, ne rimane profondamente toccato.

È questa parte di noi che ci permette di interagire in modo molto intimo, disponendo di un bagaglio di tenerezza e compassione reciproca, che ci sarà di grande aiuto nei momenti di crisi del rapporto.

Perché riscoprire la nostra vulnerabilità?

Il nostro Bambino interiore ferito influenza profondamente i nostri rapporti di coppia. Purtroppo, il nostro Bambino interiore è rinnegato e disprezzato nella nostra cultura, perché rappresenta la vulnerabilità e, quindi, un ostacolo a diventare una persona di successo.

La credenza comune è che, per essere una persona di successo, bisogna essere forti e potenti. In questa credenza c'è una parte di verità; se c'identifichiamo, infatti, con il nostro Bambino interiore vulnerabile diventiamo persone deboli e vittimiste.

Tutti conosciamo delle persone identificate con la propria vulnerabilità, che hanno un atteggiamento vittimista nei confronti della vita. Queste persone reagiscono con eccessiva emotività, in molte situazioni, e si sentono impotenti nel proteggere se stessi o nel soddisfare i loro bisogni in maniera adeguata. Queste persone sono essenzialmente delle vittime, perché si sono identificate nel loro Bambino interiore e si sentono costantemente ferite o frustrate dagli altri, in particolare dal partner.

La chiave per risolvere i problemi di coppia non è l'identificazione con il nostro Bambini interiore, ma è il rapporto con la nostra parte vulnerabile attraverso il nostro Sé consapevole.

Una relazione di coppia resta vitale e intima, cresce e si approfondisce, solo se siamo capaci di entrare in contatto con il nostro Bambino interiore, attraverso il nostro Sé consapevole. È il nostro Sé consapevole che dovrebbe entrare in contatto e conoscere i sentimenti, i bisogni e le percezioni del nostro Bambino vulnerabile. Solo questo contatto permette di stabilire una relazione intima con

86

un'altra persona.

Tieni presente che è il nostro Bambino interiore che porta con sé i più profondi sentimenti del nostro cuore e che può riconoscerli in quello dell'altra persona. È il nostro Bambino interiore che ci permette di aprire il nostro cuore a un'altra persona. È questa parte di noi che può creare un rapporto dove l'amore è palpabile, un calore emotivo e fisico assolutamente delizioso e particolare. Quando siamo in contatto con il nostro Bambino interiore non possiamo essere ingannati dalle parole o dai ragionamenti, perché reagiamo direttamente alle energie e ai sentimenti nostri e dell'altra persona.

Quando ci innamoriamo permettiamo al nostro Bambino interiore di emergere in superficie e questo rende possibile un contatto profondo e intenso con l'altra persona. Possiamo agire senza la solita protezione delle nostre caratteristiche primarie e ci sentiamo più liberi.

Il fatto di poter mostrare la nostra vulnerabilità all'altra persona permette l'emergere di forti emozioni. È questo che rende l'innamoramento, un'esperienza meravigliosa. È il nostro Bambini interiore che rende possibile l'intimità in una relazione di coppia, così com'è il rinnego della nostra vulnerabilità che, più tardi, la può distruggere.

Purtroppo, è questo che succede in molte coppie: prima si fa emergere il Bambini interiore e ci si sente innamorati, poi, riprendono il potere le nostre caratteristiche primarie per proteggerci e si rinnega la vulnerabilità perdendo così l'intimità con l'altra persona.

Il Bambino interiore ferito.

La storia di Giovanni ci mostra chiaramente gli effetti negativi della negazione del nostro Bambino interiore.

Giovanni non riusciva a credere di essere così infantile. Quel giorno aveva urlato e sbraitato, arrivando a terrorizzare tutti: sua moglie e i suoi due figli. Poi aveva preso l'auto e se n'era andato.

Guidando senza meta si sentiva confuso, non capiva che cosa gli era successo e dove voleva andare. Si fermò in un piazzale e cercò di ricostruire i fatti che lo avevano portato a fare quella sfuriata e ad andarsene, ma non ci riuscì. Era come se fosse un incubo.

Lui desiderava che la sua vita familiare fosse caratterizzata da calore, amore e l'intimità, e invece. Questa era la seconda volta che esplodeva durante le vacanze. In precedenza, se n'era andato solo emotivamente. Ora, invece, se n'era andato anche fisicamente.

Era lì, nell'auto, a qualche chilometro di distanza dalla moglie e dai figli, in un luogo di vacanza che non conosceva, e si odiava.

Che cosa gli stava succedendo?

Questo episodio, molto negativo, era successo a Giovanni sei mesi prima dell'inizio della sua consulenza psicologica, dove scoprì la causa principale di questi suoi cicli di rabbia e fuga.

Giovanni cominciò ad avere dei ricordi chiari della sua fanciullezza. Ricordò una vigilia di Natale di quando aveva dieci anni. Era rimasto solo, sdraiato nella sua stanza, al buio, con le coperte sopra la testa, e si rifiutava di parlare con suo padre, che era tornato a casa tardi, come al solito, quasi ubriaco. Giovanni non gli parlava perché voleva punirlo per aver rovinato, un'altra volta, il loro Natale.

Non poteva esprimere la sua rabbia a parole e quindi lo faceva con il suo silenzio, ritirandosi in se stesso. La rabbia, però, si accumulava dentro di lui e si trasformava in furia. Sin da adolescente, aveva questi attacchi di rabbia, dove diceva e faceva delle cose di cui, poi, si pentiva. In quelle situazioni non riusciva a controllarsi e diventava un tiranno.

Con la consulenza psicologica Giovanni comprese che quegli attacchi di rabbia erano "regressioni spontanee". Quando s'infuriava e puniva sua moglie i suoi figli con la rabbia e l'abbandono, lui regrediva all'epoca in cui era stato costretto a reprimere la rabbia e si esprimeva nell'unico modo che conosceva il suo Bambino interiore: con le sfuriate e l'abbandono come punizione. Ora, da adulto, Giovanni si sentiva come quel ragazzino solo e vergognoso, che era stato da piccolo.

Giovanni ha capito che, quando lo sviluppo di un bambino è interrotto e le sue emozioni sono represse, cresce conservando dentro di sé un bambino arrabbiato e addolorato. Si tratta di un Bambino interiore ferito che condiziona pesantemente il suo comportamento di adulto.

All'inizio è Giovanni sembrava assurdo che un bambino piccolo continuasse a vivere nel suo corpo di adulto. Questo, però, è quello che succedeva. Questo suo Bambino interiore trascurato e ferito continuava a condizionare la sua vita adulta e costituiva la causa principale dei suoi problemi di coppia e della sua infelicità.

Giovanni si rese conto che doveva recuperare, difendere e amare questo suo Bambino interiore, altrimenti egli avrebbe, ancora una volta, distrutto la sua vita e i sui rapporti. Sì, il suo bambino interiore ferito era la causa dei suoi scatti d'ira e delle sue fughe emotive e fisiche.

Ecco cosa succede:

Il Bambino interiore ferito è la causa principale dell'intimità disturbata. Molte persone, che hanno un bambino interiore ferito, passano continuamente dalla paura l'abbandono a quella del soffocamento.

Alcune persone se ne stanno permanentemente isolate nel timore di essere invase e asfissiate dagli altri. Altre persone si tengono avvinghiate al partner e si rifiutano di uscire da un'unione infelice per il terrore di rimanere soli. La maggior parte delle persone fluttua tra questi due estremi della paura dell'abbandono e quella del distacco.

Lo schema di Elena è proprio questo: si innamora pazzamente di un uomo e, dopo aver raggiunto un certo livello di intimità, comincia a ritirarsi a prendere le distanze da lui.

Per far questo raccoglie un elenco di cose che non vanno in lui e litiga con il partner su questi suoi comportamenti. Lui si arrabbia e la lascia per qualche giorno, dopodiché tornano assieme, facendo l'amore in modo appassionato.

Questa passione dura sino a quando Elena si sente di nuovo soffocare e ripristina le distanze dal partner, cominciando con lui un'altra battaglia. Alla fine, il partner, è stanco di tutto questo "ottovolante" e la lascia.

Qual è la parte principale che spinge Elena a comportarsi in questo modo? Qual è la parte che alimenta questo schema di

90

comportamento ripetitivo? La risposta è semplice: la sua Bambina interna ferita.

Quand'era bambina e ragazzina Elena si era sentita soffocare e asfissiare dal comportamento dei suoi genitori, in particolare della madre. Quando è entra in un rapporto di intimità con qualcuno la sua bambina interiore si sente di nuovo soffocare e mette in atto tutto il processo che abbiamo visto sopra.

Il Bambino interiore che pretende.

Quando la relazione si stabilizza emerge anche il Bambino interiore che pretende. Ecco ciò che succede. Abbiamo incontrato una persona che ci ha attratto e di cui ci siamo innamorati, perché ha alcune caratteristiche che noi abbiamo rinnegato.

In un rapporto di coppia sembra che due persone adulte si siano innamorate, ma, in modo sotterraneo, si sta sviluppando una dinamica completamente differente.

In superficie i partner agiscono con le migliori intenzioni di dare e ricevere amore. Tuttavia, dentro ciascun partner, c'è anche un Bambino interiore che ha un grande bisogno d'amore e che alimenta un mondo di paure e aspettative nascoste.

Quando questo Bambino interiore incomincia a venire in superficie si guarda intorno e pensa: C'è qualcuno qui, che dice di amarmi, ma è davvero possibile? Questo Bambino interiore non è abituato a essere amato davvero e ciò lo rende un po' dubbioso. Può essere che questa persona mi ami veramente? Vediamo un po'.

A questo punto, il Bambino interiore tira fuori il suo "cofanetto segreto" in cui conserva tutti i suoi bisogni insoddisfatti.

Generalmente, questo "cofanetto" è nascosto e dimenticato, ma la relazione di coppia glielo fa ricordare.

Con l'apertura di questo "cofanetto" si risvegliano tutti i segreti desideri di essere amati. È come se il Bambino interiore affermasse: questa persona dice di amarmi; bene, mettiamola alla prova!

Il Bambino interiore apre il "cofanetto dei desideri" e ne estrae uno piccolo (all'inizio si prendono solo quelli piccoli). Poiché si tratta di un desiderio piccolo, per l'altra persona è più facile soddisfarlo.

Amare una persona significa soddisfare i suoi desideri, o no? Quando anche il Bambino interiore dell'altra persona prende il suo "cofanetto dei desideri" e ne estrae uno piccolo è facile soddisfarlo.

Questo gioco della soddisfazione reciproca dei piccoli desideri va avanti per un po' di tempo. Più ci diventa familiare e comodo rovistare nel nostro "cofanetto", più entriamo in intimità con l'altra persona. Ma più cresce l'intimità, più aumentano anche le nostre aspettative. Dopotutto abbiamo aspettato molto tempo per veder soddisfatti i nostri bisogni. A un certo punto tiriamo fuori i nostri desideri veramente grandi e importanti. Altrettanto, però, fa anche l'altra persona.

Questi grandi desideri inappagati variano a seconda delle persone. Se, ad esempio, sei una persona portata all'attaccamento ansioso estrai il grosso desiderio: "Voglio che tu sia sempre presente per me".

Molto probabilmente hai a che fare con un partner che è l'opposto (una persona anti dipendente) che estrae il grande desiderio: "Voglio che tu mi dia lo spazio di cui ho bisogno, ma che non mi lasci o ti veda con qualcun altro".

92

Purtroppo, tutta questa comunicazione è inconscia e indiretta e lentamente le tue sensazioni di delusione e di tradimento crescono molto forte. A questo punto, provi una forte sensazione di dolore, frustrazione e disappunto. Ognuno di noi reagisce in maniera differente a questa situazione, ma sicuramente avremo a che fare con emozioni molto negative nei confronti dell'altra persona.

C'è chi tronca la relazione e se ne va. C'è chi incolpa l'altra persona. C'è chi diventa offensivo e aggressivo. C'è chi si ritira in sé stesso con amarezza e delusione. Col passare del tempo, il tuo Bambino che pretende mette sulle "spalle" del partner tutti i desideri che tuo padre e tua madre non hanno mai esaudito.

Allora cominciano i guai, perché ti aspetti, intimamente, che l'amore comporti il fatto che questi desideri siano soddisfatti e che l'altra persona debba proteggerti dalle tue paure e dal tuo dolore. La stessa cosa avviene anche nell'altra persona.

I partner si comportano, quindi, come due "bambini pretenziosi" con le proprie paure e i bisogni insoddisfatti e interagiscono in maniera molto infantile e conflittuale.

Ci rapportiamo sulla base dei nostri Bambini feriti e bisognosi, incapaci di comprendere e di soddisfare i bisogni dell'altro. Questo perché il rapporto con l'altra persona non parte dalla vulnerabilità (che è rinnegata e nascosta), ma dalle pretese.

Molti di noi si trascinano, per anni, il peso della paura e dei bisogni insoddisfatti, negandoli e minimizzandoli, ma aggrappandosi, senza rendersene conto, all'aspettativa che un giorno saranno esauditi. Non appena si sviluppa una relazione intima si crede che l'altra persona dovrebbe soddisfare questi bisogni.

È come se, in questa situazione, indossassimo degli occhiali che ci fanno vedere l'altra persona come il "genitore" che non abbiamo mai avuto, che abbiamo sempre sperato e che, finalmente, e lì per darci ciò di cui abbiamo bisogno. Quest'aspettativa, però, allontana l'amore di cui abbiamo bisogno, e ci rende ancor più disperati e in preda al panico.

I cinque aspetti del tuo Bambino Interiore.

Il primo aspetto importante del tuo Bambino interiore è che desidera un rapporto con te. Se il tuo Bambino interiore potesse parlare ci direbbe: io sono reale, esisto e voglio un rapporto con te.

Solo considerandolo in questo modo, sarai capaci di provare quel profondo senso di amore per te, quel sentimento che desideravi dovesse essere lì ogni giorno per te. Purtroppo, non lo fai e il tuo Bambino interiore si sente solo e abbandonato.

Sai come puoi riempire quella sensazione di vuoto che senti dentro di te? Per riempire questo vuoto è necessario avere un continuativo e quotidiano rapporto con il tuo Bambino interiore.

È necessario che tu faccia da "Genitore" al tuo Bambino interiore, e perciò devi comportarti esattamente come faresti con un bambino in carne ed ossa. Bastano solo cinque minuti il giorno che ti porteranno quell'amore per te che hai sempre desiderato. Questi cinque minuti il giorno, riempiranno il bisogno di legame del tuo Bambino Interiore. Al tuo Bambino Interiore non interessa se poi ti focalizzi su altre cose o persone, quando è emotivamente soddisfatto.

Un altro aspetto importante del tuo Bambino interiore è che

94

crede di essere il tuo corpo fisico. Tu, magari, non hai idea di questo, ma lui sì. Il tuo Bambino interiore crede di essere il tuo corpo fisico. Comprendere questo ti porterà molto avanti nella tua guarigione emotiva.

È necessario scoprire il linguaggio del tuo Bambino Interiore. Egli ti parla attraverso le tue sensazioni fisiche ed emotive. Comprendendo il suo linguaggio capisci che è come se egli ti stesse dicendo: Ho paura e scelgo di essere inflessibile e rigido per resistere al cambiamento che tu vuoi fare; non mi sentirò al sicuro cambiando direzione, così continuerò a resistere finché non riterrai che il farlo non mi danneggerà.

Il terzo aspetto del Bambino interiore è che desidera che tu decida i tuoi cambiamenti importanti con lui o lei, altrimenti ti boicotterà. È come se ti dicesse: io sono il tuo compagno, perciò ti prego, discuti dei cambiamenti con me prima di attuarli e accertati che non mi danneggino!

Poiché il tuo Bambino Interiore vede se stesso come il tuo corpo fisico egli desidera essere consultato prima d'iniziare qualsiasi grande cambiamento o impresa. Questo ti permette di comprendere perché i tuoi tentativi di cambiare e andare avanti sono molte volte ostacolati.

Se non "consulti" il tuo Bambino interiore per chiedergli come si sente rispetto ai cambiamenti che hai in mente, lui o lei ti boicotterà. Una delle cose che ti dimentichi, quando metti in atto dei cambiamenti, è di consultare il tuo Bambino Interiore e avere il suo accordo.

Se lui o lei non è pronto è perché non ne hai "parlato", o non hai fatto nulla per trovare accordi e per prenderti cura del suo dolore fisico o emotivo che potrebbe risultare da questo cambiamento.

Quindi, quello che devi fare, per attuare cambiamenti importanti nella tua vita, è di assicurarti di prendere degli "accordi", sul modo in cui ti prenderai cura del tuo Bambino interiore e di te, durante e dopo il cambiamento che vuoi realizzare.

Il quarto aspetto è che il tuo Bambino interiore vuole proteggerti e mantenerti felici. Lui o lei crede che il suo scopo esistenziale sia di tenerti al sicuro e felici. In altre parole, ti vuole tenere al sicuro dalle sofferenze fisiche ed emotive e desidera vederti felice in ogni momento.

Tutti noi abbiamo un limite al dolore fisico ed emotivo che siamo intenzionati a provare coscientemente. Senza accorgercene, abbiamo insegnato questo limite al nostro Bambino Interiore. Di conseguenza, egli sa che qualsiasi cosa che travalica questo limite deve essere compreso in modo che noi non lo percepiamo. Quando le cose vanno bene, è facile da farsi, ma quando entra in gioco la paura, le cose prendono un'altra piega.

Quando qualcosa ti minaccia in un qualsiasi modo, fisicamente, emotivamente o mentalmente, il Bambino Interiore cerca di proteggerti. Alcune volte questo significa che userà la paura come uno strumento per tenerti al sicuro.

La protezione, nel linguaggio del Bambino Interiore, può assumere diverse forme: da un'istintiva sensazione di "allarme" o di "qualcosa che non va", al renderci ciechi davanti a un'opportunità, fino allo svilupparsi, nei casi estremi, di malattie fisiche o emotive.

Nel mezzo si trovano tutti i tipi di dipendenze (droga, alcool, lavoro eccessivo, cibo, ecc.). Questi sono tutti strumenti che il

"Il Segreto dell'Attrazione nella coppia"
Scopri il segreto dell'attrazione, dell'innamoramento e della scelta del partner.

Bambino Interiore usa per mantenerci preoccupati, così che non facciamo qualcosa che, nella sua idea, potrebbe causare il nostro allontanamento da lui o lei.

Il Bambino interiore ritiene che quello che pensi di te sia la stessa considerazione che hai di lui o lei. Egli conosce ogni tuo pensiero, sentimento e considerazione che hai su di te. Essendo un bambino è per natura narcisista e perciò ritiene che quel pensiero, sentimento o parola lo riguardi. Ecco perché la chiave per cambiare la tua autoimmagine risiede nel Bambino Interiore.

Parlare al tuo Bambino con un "dialogo interiore positivo", sostenuto da degli accordi, tramuterà la tua avversione, la tua bassa autostima e la scarsa valorizzazione, in amore per te stesso/a.

Quando, ad esempio, ti senti in colpa il tuo Bambino Interiore la vive come se tu stessi biasimando lui. Il Bambino Interiore vive il tuo biasimo come rifiuto e abbandono.

Il tuo Bambino interiore, seppur apparentemente complicato, è, di fatto, abbastanza semplice. Egli vuole solo essere amato e sentirsi protetto all'interno di quell'amore.

L'amore a cui è maggiormente interessato è proprio il tuo. A questo scopo, egli muoverà mari e monti per ottenerlo e preservarlo.

Rientrare in contatto con il tuo Bambino interiore.

Quando terminerai di leggere e questo paragrafo, sentirai la necessità di ristabilire il contatto con il tuo Bambino interiore, che è la parte più vicina alla tua essenza, alla tua anima.

Per rientrare in contatto con il tuo Bambino interiore è necessario seguire un percorso che non ti è familiare, imparando a sintonizzarti con i segnali sottili, che ti suggeriscono ciò che va bene per te, oppure no.

Quando non sei in contatto con la tua vulnerabilità non hai più accesso alle parti di te che sono capaci di creare intimità profonda con l'altra persona. Allora ti rapporti con l'altra persona solo attraverso le tue parti di potere, che temono la vulnerabilità e sono tranquille, solo quando sei in un ruolo preciso, che ti protegge come una corazza.

Ma si può amare ed essere amati, quando si è protetti da una corazza? Come puoi ben immaginare, certamente no! È giusto proteggersi con una corazza, quando si vuole affrontare una battaglia, ma non lo è nei rapporti di coppia. In una relazione desideri vivere l'intimità, l'amore, il calore e la condivisione. È necessario, quindi, che ti rapporti con l'altra persona, abbandonando le tue corazze. Questo non vuol dire essere completamente privi di difese, ma essere capaci di combinare assieme, sia la vulnerabilità, sia il potere.

Tutti noi abbiamo sviluppato una tale abilità a nascondere la nostra vulnerabilità, che facciamo persino fatica a riconoscerla, quando l'incontriamo in noi stessi e nel partner. Ora, vorrei aiutarti a invertire quest'abitudine a nascondere e a non considerare la tua vulnerabilità, perché è molto deleteria nel tuo rapporto. E mentre fai questo, comprendi quanti doni ti può offrire il tuo Bambino interiore vulnerabile se rientri in contatto con lui o lei.

Per aiutarti a raggiungere quest'obiettivo ti propongo una serie di domande, alle quali puoi aggiungerne altre che senti per te importanti. Rispondi, con sincerità, a queste domande tenendo,

98

vicino a te, carta e penna per prendere alcuni appunti.

- Che cosa stai facendo, che non vorresti più realizzare?

- Quali cose, invece, vorresti fare che non stai realizzando?

- Qualche volta hai fatto qualcosa che non volevi, solo per non contrastare l'altra persona?

- Hai rinunciato a qualcosa cui tenevi molto, solo per compiacere l'altra persona?

- Hai oltrepassato i tuoi limiti fisici lavorando, anche se sentivi molta stanchezza? Hai saltato i pasti? Hai dimenticato di fare una pausa? Non hai dormito abbastanza?

- Hai sottovalutato i tuoi sentimenti, quando provavi insicurezza, disagio o paura?

- Che cosa hai deciso di non dire all'altra persona, perché ti sembrava strano o troppo arrendevole?

Rispondendo, sinceramente, a queste domande, ti rendi conto di quante volte nella tua vita quotidiana ignori il tuo Bambino interiore e la tua vulnerabilità. In questi casi, offri più spazio alle tue parti di potere, oppure ti rifugi nella tua "zona di sicurezza" essendo compiacente con le esigenze dell'altra persona, per evitare di entrare in conflitto nel rapporto.

Questi atteggiamenti sembrano innocui, specialmente all'inizio del rapporto, ma col passare del tempo portano a rinnegare il nostro Bambino interiore e, presto o tardi, ne subiamo le conseguenze.

Che succederebbe se tu, invece, dessi più ascolto al tuo Bambino interiore, alla tua vulnerabilità? Sintonizzandoti sulla tua vulnerabilità e sapendola esprimere adeguatamente all'altra persona migliorerai moltissimo il tuo rapporto di coppia.

Questo è un segreto fondamentale, e inizierai a comprendere, con maggior chiarezza, ciò che ti fa stare bene o male.

Quando hai un problema con l'altra persona prova a chiederti: che cos'è questa sensazione di disagio? Che cosa mi crea quest'ansia? Che cosa mi preoccupa, quando mi sveglio nel cuore della notte? Che cosa mi spinge a desiderare una sigaretta, un caffè o dell'alcol? E ti rendi conto, sempre più, di quanto sia importante raggiungere questo stato di consapevolezza.

Una parte di te ti dirà che non è successo nulla, che va tutto bene, ma tu adesso non ignori più questa sensazione di disagio. Questo ti permette di parlare e ascoltare in un modo completamente diverso.

Ti rendi conto di come questo nuovo modo di rapportarsi con l'altra persona, rende il rapporto più vero? Questo ti permette di parlare di ciò che sta realmente accadendo, senza far finta di niente, come in passato.

Magari puoi accontentarti di avere un approccio più superficiale all'esterno, con persone che non conosci bene, ma non con il partner se vuoi avere un rapporto profondo con lui o lei.

Ora, ti rendi conto, sempre più, che il contatto con la tua vulnerabilità può migliorare molto il tuo rapporto di coppia, e inizi a comprendere i comportamenti del partner che ti fanno stare bene o male, che ti provocano vergogna o ti spaventano.

Le tue sensazioni e i tuoi sentimenti, ora, contano veramente per te. Quando, ad esempio, l'altra persona si dimentica di un appuntamento, o arriva tardi, sei consapevole di non sentirti considerato/a e lo esprimi. Quando l'altra persona t'ignora, ti rendi conto che ti ferisce e lo comunichi. Se l'altra persona flirta con qualcuno a una festa, senti che ti ferisce e glielo dici. Insomma, in questo modo le esigenze del tuo Bambino sono considerate e accudite in modo adeguato. I tuoi sé primari non saranno più incoraggiati ad assumere il controllo della situazione per proteggerti alla loro maniera.

Ora, comprendi che, per vivere pienamente il tuo rapporto di coppia, devi essere capace di entrare in contatto con il tuo Bambino interiore e la tua vulnerabilità.

La ricompensa di tutto questo è che tu, con i tuoi bisogni, sentimenti e desideri, diventi la parte più creativa della tua relazione di coppia.

4. Il Segreto della Scelta del partner

Perché hai scelto determinati partner nel tuo passato? Perché hai scelto proprio la persona con cui stai ora? La scelta del partner è profondamente condizionata dal tuo passato. Questo capitolo ti aiuterà a comprendere perché hai fatto certe scelte, passate e attuali. È tempo di guardare in faccia la realtà, sul tipo di partner che hai scelto sinora.

Scopri le ragioni profonde delle tue scelte affettive.

- Perché desideravi un partner responsabile e maturo, ma hai scelto una persona inaffidabile?
- Perché volevi impegnarti in un rapporto duraturo, ma hai scelto una persona già impegnata o incapace d'impegnarsi?
- Perché hai giurato di non lasciarti più coinvolgere da persone chiuse e distanti, ma hai scelto, di nuovo, una persona incapace di darti l'amore che meriti?
- Come mai hai scelto, come partner, proprio queste persone?

Crediamo di sapere precisamente ciò che cerchiamo nel nostro partner. Certo, non vogliamo nulla di malsano o di negativo, ma solo una persona con tanti aspetti positivi. Ci sentiamo, quindi, molto frustrati e delusi, quando ci lasciamo coinvolgere e scegliamo come partner una persona che è molto diversa dal nostro ideale.

In questo capitolo cercherò di aiutarti a comprendere perché hai fatto certe scelte, passate e attuali. È tempo di guardare in faccia la realtà, sul tipo di partner che hai scelto sinora.

Forse credi che questa scelta sia stata libera da condizionamenti? Beh, non è così! I condizionamenti nella scelta del partner sono enormi e spiegano la contraddizione tra i nostri desideri e la realtà con cui abbiamo a che fare. Questi condizionamenti provengono, prima di tutto, dal nostro inconscio, dove ci sono precisi "copioni affettivi", che ci spingono a fare certe scelte piuttosto che altre.

Molte persone credono che la scelta del partner sia legata solo a ciò che desiderano consciamente, ma molte ricerche psicologiche dimostrano che non è così. La scelta del partner è condizionata prevalentemente da fattori inconsci, che hanno a che fare con le nostre esperienze negative del passato e con i nostri sé rinnegati.

C'è un modo, molto semplice, per scoprire questi condizionamenti inconsci: basta analizzare le relazioni di coppia più importanti del tuo passato. Facendo questa analisi scoprirai che:

- Non hai scelto per caso i tuoi partner.
- Non è solo a causa della sfortuna che hai attirato quel partner e che il rapporto con lui o lei sia finito.
- Non si "casca" sempre con lo stesso tipo di persone per pura coincidenza.

In sintesi:

Si ottiene quello che ci si aspetta, soprattutto a livello inconscio. La nostra vita di coppia è una sorta di

"profezia che si auto realizza".

Questo è quello che afferma anche la Legge di Attrazione, che abbiamo visto nel primo capitolo. Tutti noi finiamo per ottenere ciò che desideriamo a livello inconscio. Sì, quello che più conta è l'insieme delle "richieste" che provengono dal nostro inconscio. È sulla base di queste "richieste inconsce" che noi attiriamo e scegliamo un certo tipo di partner.

Se, poi, ci accorgiamo che l'altra persona non è compatibile con noi non è a causa delle nostre richieste coscienti, ma di quelle inconsce. Quest'ultime, infatti, non sono sempre coerenti con quello che veramente desideriamo.

Esercizio per scoprire i tuoi condizionamenti inconsci.

Perché hai scelto una determinata persona come partner? Credi che la tua scelta di quella persona come partner sia del tutto casuale?

No, nulla avviene per caso. Bisogna comprendere le ragioni profonde per cui hai scelto determinate persone come partner, piuttosto che altre.

Comprendere perché scegliamo determinate persone come partner, è importantissimo per migliorare la tua vita di coppia. C'è un modo efficace per capire che cosa ti spinge nella scelta del partner: **osservare le somiglianze tra le persone che hai scelto sinora.**

104

L'esercizio che ti aiuterà a scoprire quali sono i condizionamenti del tuo passato, non è molto difficile da realizzare, e ti permetterà di avere sotto gli occhi, il quadro complessivo delle tue relazioni più importanti, passate e attuali.

Ecco che cosa devi fare:

1. Su un foglio di carta elenca i nomi dei partner con cui hai avuto una relazione importante, incluso l'attuale. Non inserire le persone con le quali hai avuto rapporti passeggeri, ma solamente quelle con cui hai avuto relazioni importanti. Lascia uno spazio dopo ogni nome. Se hai avuto un solo partner, scrivi il suo nome.

2. Dopo il nome di ogni partner, elenca i suoi difetti più importanti, le sue caratteristiche che ti hanno creato più problemi e frustrazioni. Non scrivere frasi lunghe, ma riassumi la caratteristica negativa in una o due parole, o in una breve frase. Per esempio, se il tuo partner, non è mai riuscito a tenersi un lavoro, puoi scrivere una frase del tipo: "Disoccupato cronico".

3. Una volta finito l'elenco, rileggilo attentamente e sottolinea le caratteristiche negative che ti sembrano ripetersi tra quelle attribuite alle varie persone.

4. Fai un elenco riepilogativo di queste caratteristiche e delle espressioni che hai usato più di una volta, o che ti hanno maggiormente colpito.

5. Studia, con calma, questo riepilogo e gli elementi individuali.

Dopo aver realizzato interamente questi cinque passi, poniti le seguenti domande:

- Esiste un "modello ripetitivo" di comportamento nelle mie relazioni del quale dovrei essere consapevole? C'è una "tendenza" che si ripete nel tempo?

- Questa tendenza è verso un miglioramento o un peggioramento? È possibile individuare un miglioramento e una successiva ricaduta?

- Ho avuto minori difficoltà nel trovare dei difetti in certi partner più che in altri?

- Il partner attuale è diverso in modo rilevante da quelli precedenti? È migliore? Peggiore? Identico?

Le scelte di Mario.

Vediamo, ad esempio, come Mario ha realizzato questo esercizio sulle sue scelte di coppia.

Mario è un impiegato di trentatré anni, con due rapporti importati nel suo passato (Linda e Sara). In questo momento vive una relazione di coppia con Valeria, che dura da otto mesi.

Il rapporto con Valeria è entrato in crisi e Mario ha molti dubbi sulla continuazione o meno della relazione. È insoddisfatto e non sa se Valeria è la partner adeguata per impegnarsi ulteriormente.

106

Questa analisi ha permesso a Mario di superare questa crisi, prendendo la decisione di lasciare Valeria. Per far questo ha analizzato i suoi rapporti passati e quello attuale con Valeria.

Il suo primo rapporto di coppia è stato con **Linda**, che aveva le seguenti caratteristiche negative:

- Insicura.
- Emotivamente instabile.
- Irritabile.
- Incapace di badare a se stessa.
- Portata a drammatizzare.
- Vittimista.
- Dipendente a livello emotivo.
- Con problemi sessuali.

Il secondo rapporto importante è stato con **Sara**, che aveva i seguenti difetti:

- Emotivamente dipendente
- Irritabile.
- Egoista.
- Vittimista.
- Portata a drammatizzare.
- Piena di manie sul corpo.
- Con problemi sessuali.
- Incapace di badare a se stessa.

Il suo attuale rapporto è con **Valeria**, che ha le seguenti caratteristiche negative:

- Portata drammatizzare.

- Irritabile.
- Emotivamente instabile.
- Troppo attaccata ai suoi genitori.
- Molto stressata.
- Molto critica.

L'elenco dei difetti e delle caratteristiche negative simili o comuni delle tre partner di Mario è il seguente:

- Portata drammatizzare.
- Irritabile.
- Emotivamente instabile.
- Vittimista.
- Dipendente dal punto di vista emotivo.
- Incapace di badare a se stessa.

Quando Mario studia questo elenco riassuntivo e le liste individuali, rimane stupito di come molti aspetti siano comuni alle sue partner.

Esiste un modello ripetitivo nelle relazioni di Mario? La risposta è positiva.

Vediamo di cosa si tratta:

Mario si rende conto di attrarre delle partner problematiche, dipendenti nei suoi confronti e immature, portate a drammatizzare e con un atteggiamento vittimista.

"Il Segreto dell'Attrazione nella coppia"
Scopri il segreto dell'attrazione, dell'innamoramento e della scelta del partner.

Analizzando i suoi rapporti importanti, Mario comprende come mai i due precedenti rapporti siano terminati, in malo modo, e come mai l'attuale relazione con Valeria sia in crisi.

Linda e Sara erano due donne molto problematiche e Mario cercava, in tutti i modi, di risolvere i loro problemi (come vedremo, questo copione affettivo inconscio può essere chiamato "**missione di salvataggio**"), senza peraltro riuscirci.

Queste donne sono diventate sempre più esigenti e critiche nei confronti di Mario e, con il loro atteggiamento vittimista, l'hanno dapprima allontanato e poi lasciato.

Approfondendo l'analisi di questi due rapporti del passato, Mario si rende conto che ha anche la tendenza a sentirsi superiore alle sue partner, scegliendo proprio donne piene di problemi e cercando di aiutarle a mettere ordine nella loro vita.

Scegliendo come partner delle donne deboli e dipendenti, dal punto di vista emotivo, può gratificarsi sentendosi necessario e importante.

C'è una frase che sintetizza qual è il copione inconscio di Mario?

La risposta è positiva. Ecco di cosa si tratta:

Il copione affettivo inconscio di Mario è quello del "**Salvatore**" della partner, che è sempre più problematica e incapace di cavarsela da sola. Mario scopre anche che questo copione affettivo inconscio è completamente disfunzionale e lo spinge ad attrarre partner incompatibili nei suoi confronti.

Purtroppo questo copione inconscio si è attivato anche nel rapporto con Valeria. L'attuale partner ha, infatti, caratteristiche molto simili a quelle precedenti e questo è un segnale molto negativo per la possibilità di superare adeguatamente la crisi e continuare il rapporto.

Le scelte di Alice.

Vediamo ora l'esempio di **Alice**, che è una donna di trentasette anni, con quattro rapporti importanti nella sua vita.

Il primo rapporto importante è stato con **Riccardo**, che, secondo lei, aveva i seguenti difetti:

- Manipolatore.
- Poco pratico.
- Irritabile.
- Lunatico.
- Egocentrico.
- Detestava parlare di sé.
- Bugiardo.
- Caratteraccio.
- Disoccupato cronico.
- Disonesto.

110

Poi c'è stato il rapporto con **Giovanni**, che aveva i seguenti difetti:

- Lunatico.
- Poco pratico.
- Egocentrico.
- Demotivato per quanto riguarda il lavoro.
- Irritabile.
- Bugiardo.
- Caratteraccio.

Il terzo rapporto importante è stato con **Sandro**, con cui si è sposata e si è separata dopo quattro anni. Il rapporto con Sandro è stato molto difficile e conflittuale, per questo presenta il maggior numero di difetti:

- Irritabile.
- Poco pratico.
- Infedele.
- Egocentrico.
- Lunatico.
- Bugiardo.
- Ipercritico.
- Disoccupato cronico.
- Dominatore.
- Emotivamente distante.
- Detesta parlare di sé.
- Interessato al mio reddito.
- Manipolatore.
- Disonesto.

Ora, Alice ha un rapporto di coppia con Davide. Lei vorrebbe coinvolgersi maggiormente con Davide, ma non sa se è il partner adatto per un matrimonio. Dopo l'esperienza molto negativa con Sandro, lei ha timore nell'impegnarsi, a fondo, in un nuovo rapporto matrimoniale.

Le caratteristiche negative che Alice individua in **Davide** sono le seguenti:

- Poco passionale.
- Un po' irritabile.
- Non abbastanza romantico.
- Un po' riservato.
- Troppo serio.

Ora, Alice considera la sintesi dei difetti dei suoi partner, riepilogando quelli più importanti e che si ripetono. L'elenco riepilogativo dei difetti dei suoi partner è il seguente:

- Irritabile.
- Poco pratico.
- Bugiardo.
- Egocentrico.
- Lunatico.
- Detesta parlare di sé.
- Disoccupato cronico.
- Caratteraccio.
- Disonesto.

Esiste un modello ripetitivo nelle relazioni di Alice?

Analizzando gli elenchi individuali e quello riassuntivo, Alice si accorge, con stupore, che nei suoi rapporti del passato è presente un chiaro modello ripetitivo di comportamento dei suoi partner.

Grazie a questo esercizio, Alice scopre qual è il suo "copione affettivo inconscio". Si rende conto di quanto i suoi rapporti passati hanno molto in comune. Prima, era convinta che i suoi partner fossero molto diversi l'uno dall'altro, ora è consapevole che ci sono molti tratti in comune tra loro.

Questo esercizio ha aiutato Alice a comprendere come mai i suoi rapporti passati siano stati fallimentari.

Ora Alice è consapevole, che c'è in lei un "copione affettivo inconscio", che la spinge a instaurare rapporti con partner di pessimo carattere, irritabili, lunatici, egocentrici, disonesti e bugiardi. Uomini con poche ambizioni, che non cercano una realizzazione in campo lavorativo, che hanno poco senso pratico. Dei partner che la vogliono sfruttare economicamente.

Alice nota che l'elenco dei difetti di Sandro, il suo ex marito, è il più lungo di tutti, a testimonianza del fatto che è stato il più difficile e pieno di problemi. Rileva, infine, che il rapporto con Davide, l'attuale partner, è quello che presenta meno caratteristiche negative.

Questo significa che, nonostante i problemi, questo rapporto è il più sano e soddisfacente. Questo dimostra, inoltre, che in Alice c'è stata un'effettiva maturazione.

Il rapporto con Davide è diverso, in modo rilevante, rispetto ai precedenti. Con Davide è stato più difficile trovare difetti e questo è un segnale molto positivo.

Alice incontra qualche difficoltà a lasciarsi andare, con fiducia, nel rapporto con Davide, non a causa dei suoi difetti, ma per i timori derivati dalle sue esperienze passate.

Alice poteva sostenere in passato, con se stessa e con gli altri, di desiderare un partner affettuoso, aperto e responsabile, ma il suo "copione affettivo inconscio" la spingeva ad attirare uomini iracondi, inaffidabili, egocentrici e con poca voglia di lavorare.

La scoperta del suo copione affettivo inconscio, le permette di essere cosciente dei messaggi che invia inconsapevolmente agli altri. Questo è un mezzo potente per rompere gli schemi negativi di rapporto, rendendo conscio ciò che era inconscio.

Le scelte di Marta.

Vediamo, ora, l'esempio di **Marta**, che è una donna di 47 anni. Si è sposata, quando aveva 19 anni, con Bruno e sta ancora con lui, ma lei ha avuto rapporti con diversi altri uomini.

"Il Segreto dell'Attrazione nella coppia"

Scopri il segreto dell'attrazione, dell'innamoramento e della scelta del partner.

Da due anni Marta vive una relazione, più o meno clandestina, con Lorenzo e non sa decidere se continuare il rapporto con questo nuovo amante o ritornare da suo marito.

Marta continua a oscillare tra questi due uomini, senza saper decidere che strada prendere. Il suo problema principale è l'incapacità di decidere, in particolare tra due rapporti per lei molto importanti: quello con suo marito Bruno è quello con il suo attuale amante.

In questa situazione d'indecisione Marta si sente dilaniata: una parte di lei vorrebbe tornare con il marito Bruno, da cui non si è separata formalmente, un'altra parte vorrebbe, invece, continuare la sua relazione con Lorenzo.

Vediamo i risultati dell'esercizio effettuato da Marta.

Il rapporto più importante è, ovviamente, quello con il marito Bruno, che dura, con alti e bassi, da molti anni.

Le caratteristiche negative di Bruno sono le seguenti:

- Non mi dà fiducia.
- Lui non si preoccupa dei miei bisogni.
- È un grande menefreghista.
- Non mi suscita più attrazione sessuale.
- È sciatto, senza buon gusto e disordinato.
- È più vecchio, mentalmente, della sua età.
- Ha pochi interessi personali.
- Vuole avere il potere sulle altre persone.
- Fa il "cascamorto" con le altre donne.
- È incoerente.

- È irresponsabile.
- È infantile.

Il primo amante di Marta è stato Carlo, un uomo sposato, con figli, di 15 anni più vecchio di lei. Marta trova in quest'uomo molte caratteristiche positive e poche negative, che sono le seguenti:

- Non era libero ma sposato e con figli.
- Era molto più vecchio di me.
- Non era disponibile a impegnarsi con me, lasciando sua moglie.

Poi c'è stato Mario, un suo coetaneo, con cui ha avuto una relazione clandestina, molto intensa dal punto di vista sessuale. Le caratteristiche negative di Mario erano le seguenti:

- Mi attraeva solo dal punto di vista sessuale.
- Sentivo che non era l'uomo giusto per me.
- Lo sentivo troppo giovane e immaturo per me.

Poi c'è stato il rapporto con **Giorgio**, che aveva i seguenti difetti:

- Era un uomo disonesto.
- Era falso e bugiardo.
- Si è comportato in maniera immorale con me e mia figlia.
- Mi ha ingannato, approfittandosi di mia figlia.
- Mi ha fatto vivere un periodo di profonda confusione.

Da due anni, Marta vive il rapporto con **Lorenzo**, che ha le seguenti caratteristiche negative:

- Ha una posizione sociale modesta.

116

- Non mi lascia spazio, è intrusivo.

- È debole e incoerente.

- È dipendente dall'alcol.

- Cerca la fusione totale con me.

- Mi ha maltrattato.

- È incapace di stare da solo.

- Non mi dà fiducia.

- È geloso.

Esiste un modello ripetitivo dei rapporti di Marta?

Analizzando gli elenchi individuali e quello riassuntivo, Marta si accorge, di avere due modelli ripetitivi di rapporto:

Uno che la spinge verso uomini più anziani di lei, come suo marito Bruno e Carlo, che diventano una sorta di figura paterna che le dà sicurezza ma insoddisfazione dal punto di vista sessuale.

Un altro che la spinge verso uomini, come Mario, Giorgio e Lorenzo, in cui la componente passionale e sessuale è molto intensa, ma si crea anche una notevole confusione, con effetti molto negativi (in particolare nel caso di Giorgio che ha coinvolto anche la figlia).

Come scopriremo più avanti, questi due modelli ripetitivi corrispondono uno al rapporto di Marta con sua madre e l'altro con suo padre.

Su cosa si basa il copione affettivo inconscio.

C'è qualcosa di caratteristico che accomuna tutti i copioni affettivi inconsci? La mia risposta è positiva.

In effetti, c'è qualcosa che accomuna tutti i copioni affettivi inconsci, anche il tuo. Ecco di cosa si tratta:

Il copione affettivo inconscio si basa, principalmente, sulle nostre esperienze negative. Esso si basa su ciò che non vogliamo più vivere nei nostri rapporti. Il nostro copione affettivo inconscio contiene ciò che non vogliamo più vivere in un rapporto. Il problema è che, esprimendolo a livello inconscio, finiamo per attirarlo ancor di più nella nostra vita. Tutto questo sembra paradossale, ma è chiarito dalla Legge di Attrazione, che ci dimostra che attraiamo di più ciò su cui ci concentriamo.

Se, a livello inconscio ed emotivo, ci concentriamo sull'evitare il più possibile determinate situazioni negative, che abbiamo vissuto nel nostro passato, allora le attiriamo ancor di più. Siamo concentrati, a livello emotivo e inconscio, su ciò che vorremmo evitare, ma così facendo lo attiriamo maggiormente nella nostra vita.

È chiaro, ad esempio, che Alice non desidera più vivere un rapporto in cui ci sia mancanza di comunicazione dei sentimenti, tradimento o delusione, insincerità, abbandono, e rifiuto; ma sino a quando questi aspetti fanno parte del suo copione affettivo inconscio, lei li attira, nella sua vita. Non a caso, quindi, i suoi partner precedenti erano bugiardi, traditori, e non esprimevano i loro sentimenti.

Il tuo copione affettivo inconscio, proprio perché è basato su ciò che non vuoi più vivere nella tua vita, finisce, paradossalmente, per attirarlo di più nei tuoi rapporti.

Rendendo cosciente il tuo copione affettivo inconscio, tu sai con chiarezza ciò che non vuoi più vivere nel tuo rapporto di coppia e, in questo modo, puoi evitare di attirarlo nuovamente.

È chiaro, ad esempio, che Mario non desidera vivere un rapporto con una donna portata drammatizzare, irritabile, emotivamente instabile, vittimista, dipendente e incapace di badare a se stessa. Anche nel suo caso, però, finisce per attirare proprio questo tipo di donna, che rende il rapporto insoddisfacente. Tutto questo a causa del suo copione affettivo inconscio.

È chiaro a questo punto che cosa dobbiamo fare:

Dobbiamo scoprire le caratteristiche del nostro copione affettivo inconscio, per chiarire che cosa vogliamo veramente vivere nei nostri rapporti di coppia.

Per far questo, però, dobbiamo scoprire qual è l'origine del nostro copione affettivo inconscio. Come vedremo nel prossimo capitolo, essa si trova all'interno delle esperienze che abbiamo fatto, da bambini, all'interno della nostra famiglia d'origine.

5. Il Segreto del Copione affettivo inconscio

In questo capitolo, ti aiuterò a scoprire la fonte principale dei condizionamenti del tuo passato: il copione affettivo che hai creato all'interno della tua famiglia d'origine, nella tua infanzia e fanciullezza. Esso è, quindi, un copione famigliare inconscio.

I copioni famigliari inconsci.

Quando apriamo il nostro cuore a un'altra persona, emergono degli ostacoli dentro di noi e, ben presto, ci troviamo a mettere in atto gli stessi "copioni affettivi inconsci", o modelli condizionati di comportamento, che abbiamo creato nella nostra famiglia d'origine sin da piccoli.

Un copione affettivo è come una "commedia" o un "dramma" i cui protagonisti sono i membri della tua famiglia e la trama è una delle numerose e vivide scene della tua infanzia o fanciullezza.

Questi avvenimenti del tuo passato influenzano i tuoi sentimenti e le tue azioni ancora oggi, specialmente nelle tue relazioni intime, perché sono registrati nella memoria del tuo Bambino interiore e rivivono nella tua vita attuale.

Non pensare che il fatto di portare in scena un copione

affettivo sia automaticamente sbagliato: a volte è la cosa più salutare che puoi fare! Se, ad esempio, hai imparato nella tua famiglia d'origine a essere una persona aperta, affettuosa e dolce, e oggi reciti quel copione, considerati una persona fortunata. Stai riportando in scena qualcosa di utile, una parte che hai fatto bene a imparare.

I problemi nascono con i copioni affettivi che non sono così salutari e funzionali, quelli a cui si è attaccati in modo ossessivo, al punto da perdere il senso della realtà presente. Le questioni nascono dai copioni a cui ricorri, inconsciamente, perché vuoi correggere o rivivere delle esperienze che hai percepito come negative nel tuo passato.

Il problema dei copioni affettivi è che tu stai utilizzando l'altra persona come se fosse una pedina su una scacchiera e può darsi che lei o lui non abbia nessuna intenzione di stare sul tuo "palcoscenico". Le persone non recitano volentieri il "dramma" di qualcun altro, soprattutto quando non hanno idea di quale sia la loro parte!

Comprendere il tuo copione affettivo è molto importante e utile. Se non conosci e non comprendi il tuo copione affettivo, sei come un attore in un'opera d'avanguardia dove nessuno sa chi sia il regista, chi stia recitando le altre parti, o, addirittura, quale sia la trama. Non è sicuramente un sistema molto chiaro per portare in scena uno spettacolo!

Abbiamo creato i nostri copioni affettivi all'interno della nostra famiglia d'origine. Il modo in cui ciascuno di noi dà e riceve amore nelle relazioni (oppure teme di farlo), è stato stabilito quando eravamo bambini, all'interno del nostro ambiente familiare.

Il rapporto con i nostri genitori ha avuto un'enorme influenza su di noi, non solo perché, quando eravamo bambini, il nostro benessere dipendeva da loro, ma soprattutto perché sono state le prime persone che abbiamo amato profondamente. Sfortunatamente, questi nostri primi amori ci hanno lasciato alcune "ferite", che ci portiamo dietro per tutta la vita, nel nostro Bambino interiore.

Tieni presente che l'influenza psicologica dei genitori sui figli è molto aumentata nella nostra società, dove domina la famiglia nucleare, isolata e lontana da una più larga rete di parentela. Un aspetto molto importante è che, oggi, i genitori si rapportano con i figli in maniera o troppo intima e soffocante, o troppo distante e poco disponibile. In molti casi, quindi, si crea, nel nostro Bambino interiore, o la paura dell'abbandono o quella dell'essere risucchiati e "invasi".

Le persone i cui genitori sono stati distanti e non disponibili, generalmente temono la perdita dell'amore e del contatto. Nei loro rapporti di coppia, queste persone hanno paura di essere, di nuovo, trascurate e abbandonate. Esse tendono, quindi, ad attaccarsi al partner in maniera dipendente, esigendo dall'altra persona continue dimostrazioni del suo amore; oppure tengono un "piede fuori dalla porta", per non ritrovarsi, mai più, in una situazione di abbandono.

Le persone i cui genitori sono stati troppo invadenti o intrusivi, temono di perdere se stesse e la propria identità. Nei loro rapporti di coppia, queste persone temono di essere risucchiate, controllate o soffocate da un partner intimo.

Ci sono, poi, situazioni miste e contraddittorie, per cui alcuni crescono temendo, sia d'essere abbandonati, sia d'essere invasi. Ciò condiziona, in maniera contraddittoria, la loro relazione di coppia.

122

Queste persone con alcuni partner lottano per mantenere il proprio spazio privato, e con altri cercano disperatamente di avere una maggiore intimità o vicinanza.

Quando in una relazione di coppia si sviluppa questo tipo di paure, stiamo rimettendo in scena vecchie situazioni della nostra fanciullezza e riemergono le paure del nostro Bambino interiore.

Tutti noi sviluppiamo, sin da bambini, delle "storie" e dei "copioni affettivi" che condizionano i nostri futuri rapporti. Tendiamo a credere che le nostre storie rappresentino perfettamente la realtà così com'è, ma in verità sono solo nostre interpretazioni, sono convinzioni che continuano a ricreare le situazioni che ci hanno ferito nel passato.

Le nostre storie e i nostri copioni affettivi diventano una sorta di "profezia che si autodetermina", ricreando le situazioni che più temiamo. Ciò fornisce la prova che giustifica ulteriormente i nostri copioni affettivi, rendendoli ancor più radicati.

Il copione affettivo inconscio di Lorenzo.

Lorenzo, ad esempio, ogni volta che s'innamora di una donna diventa molto ossessivo e dipendente. Invariabilmente, le sue partner fuggono da lui, lasciandolo con una sensazione di frustrazione, di mancanza d'amore e di abbandono.

La storia che Lorenzo racconta, a se stesso e agli altri, è che le donne non lo capiscono, ma lui non ha bisogno di loro perché è autosufficiente.

Perché Lorenzo racconta questa storia? Perché Lorenzo continua a ripetere questo modello distruttivo di rapporto? Perché continua a essere ossessivo e dipendente, anche se si è reso conto che questo suo atteggiamento fa allontanare la sua partner?

Sotto questo comportamento dipendente di Lorenzo c'è qualcosa di tenace e inconscio. C'è il copione affettivo inconscio che Lorenzo continua a mettere in scena, nonostante le sue conseguenze negative.

La storia che lui si racconta in maniera ripetitiva è la seguente: le donne non mi capiscono, ma io non ho bisogno di loro. Questa storia si è generalizzata ed è diventata il suo "copione affettivo inconscio", che governa la sua vita di coppia, obbligandolo, suo malgrado, a essere ossessivo e avvinghiante con la sua partner, perché teme d'essere abbandonato.

Questa paura dell'abbandono, però, appartiene al Bambino interno di Lorenzo, che è profondamente rinnegato e nascosto nel suo inconscio.

Se consideriamo la mappa psichica di Lorenzo, abbiamo, da una parte, i suoi sé primari, con cui si mostra autonomo e indipendente, dall'altra i suoi sé rinnegati, in particolare il suo Bambino interiore, che ha una profonda paura di essere abbandonato.

Lorenzo rinnega il suo Bambino interiore e la sua paura di essere abbandonato e, quindi, non ne è più cosciente. Nel profondo della sua psiche, Lorenzo si sente solo e ha paura di essere di nuovo abbandonato, ma nasconde tutto questo dietro una facciata di autosufficienza.

Se potesse riconoscere le ferite del suo Bambino interiore, parlerebbe dei suoi bisogni insoddisfatti con la sua partner, ma la

124

storia di copertura che ha creato non lo rende possibile.

Lorenzo è uscito da questa sua "coazione a ripetere" analizzando, più a fondo, le sue relazioni di coppia. Guardando dentro la sua tendenza ad avvinghiarsi a ogni nuova partner, egli ha scoperto l'origine del suo "copione affettivo inconscio".

Lorenzo non si sentiva veramente degno di una buona relazione e, quando s'innamorava, pensava: "È meglio che afferri quello che posso, prima che questa donna scompaia dalla mia vita".

Avendo tanta fretta di prendere quello che lui temeva non potesse durare, egli non teneva conto dei tempi. Si buttava immediatamente nella relazione, invece di lasciarla evolvere naturalmente.

Questo faceva scappare la partner confermando la sua storia: le donne non mi capiscono. Questa storia fa parte del suo copione affettivo inconscio, che Lorenzo ha creato nella sua famiglia d'origine.

Lorenzo ha creato questo suo copione affettivo inconscio come risposta alle dure privazioni e all'abbandono che ha sofferto, da bambino, da parte di sua madre. La madre di Lorenzo, infatti, aveva lasciato il marito e il figlio, per mettersi con un altro uomo. All'età di dieci anni Lorenzo aveva molto sofferto di questo abbandono da parte della madre.

Quando i bambini tentano di capire perché i loro genitori li abbandonano, o non sono più affettuosi, immaginano, spesso, di essere loro la causa di tutto. Il piccolo Lorenzo si era sentito cattivo e si accusava di essere stato la causa dell'abbandono da parte di sua madre.

Lorenzo si porta dentro un Bambino interiore che vive ancora questa "ferita" e ha profondamente paura di essere di nuovo abbandonato. Per proteggersi dal dolore di questa ferita, Lorenzo ha rinnegato il suo Bambino interiore e si è identificato in una facciata di sé primari basati sull'autosufficienza.

Questo spiega perché Lorenzo dice di essere autosufficiente, ma si comporta in modo dipendente, quando s'innamora di una donna. Questo spiega, anche, perché Lorenzo è lasciato invariabilmente dalla sua partner.

La sua paura inconscia, di essere abbandonato funziona come una "profezia che si autodetermina". È la paura inconscia di essere abbandonato che induce la partner a lasciarlo effettivamente solo. Qui è chiaramente in funzione la Legge di Attrazione. Le vibrazioni dominanti in Lorenzo sono quelle della paura dell'abbandono e questo gli fa attirare proprio ciò che teme.

Il copione affettivo inconscio di Simona.

Un altro esempio di come il copione affettivo inconscio si forma all'interno della famiglia d'origine, è quello di Simona, una donna molto attraente, che non riesce a realizzare buoni rapporti di coppia, perché non permette ai suoi partner di avvicinarsi intimamente.

Simona ha perso il padre quando aveva solo otto anni. Questo tragico avvenimento ha determinato in lei una forte paura di essere abbandonata dagli uomini. Simona non permette mai che un uomo le si avvicini troppo intimamente.

126

La storia che si è costruita Simona è la seguente: non ci si può fidare della disponibilità degli uomini; aver bisogno di loro non fa che predisporti al dolore (così come mi sono sentita io, quando è morto mio padre).

Questa storia è diventata il copione affettivo inconscio della sua vita e le fornisce anche un'identità, seppur distorta. Simona, infatti, crede anche lei di non aver bisogno di nessuno, ma soffocando il suo bisogno d'intimità diventa una persona molto rigida e trattenuta.

Siccome quest'atteggiamento rigido e trattenuto impedisce ai suoi partner di avere un contatto intimo con lei, loro finiscono invariabilmente con il lasciarla.

Pertanto, la storia che Simona si racconta, continua a ricreare il suo dramma originario di "abbandono" da parte del padre. Simona crede che la sua storia sia la realtà e non riesce a vedere come, di fatto, essa tenda a creare la sua realtà.

Ecco cosa succede con i nostri copioni affettivi inconsci:

Sino a quando non diventiamo consapevoli delle nostre storie e dei nostri copioni affettivi, ricreiamo continuamente i drammi della nostra fanciullezza. I problemi irrisolti dentro di noi sono continuamente rivissuti come conflitti tra noi e il partner.

Le proiezioni e la polarizzazione.

Quando svanisce l'eccitazione iniziale dell'innamoramento, i copioni affettivi dei due partner cominciano a prendere sempre più il sopravvento, influenzando la loro reciproca percezione. Nei loro drammi interiori, i partner si assegnano rispettivamente dei ruoli e proiettano le proprie speranze e paure, creando insieme una realtà distorta, che può essere distruttiva per la relazione.

In molti casi, scegliamo un partner il cui copione affettivo inconscio è lo specchio opposto del nostro. Quindi, una persona che ha paura, ad esempio, di essere invasa, si accoppia con un'altra che ha paura dell'abbandono.

L'esempio di Davide e Giovanna.

Questo è quello che è accaduto, ad esempio, a Davide e Giovanna, una coppia di coniugi che stanno assieme da tre anni. Davide è una persona che ha paura di essere "invasa". Quando questa paura emerge, lui prende le distanze da Giovanna. Questo, a sua volta, suscita la paura di Giovanna di essere abbandonata. Allora, lei si aggrappa al marito attivando ulteriormente la paura di lui di essere risucchiato.

In tal modo, condizionandosi a vicenda, Davide e Giovanna si polarizzano nelle reciproche posizioni antagonistiche, che li fanno entrare in conflitto e minacciano di separarli.

Da dove nascono questi copioni affettivi contrapposti? Come tutti i copioni affettivi essi sono nati all'interno della famiglia di origine di Davide e Giovanna.

Il padre di Giovanna, infatti, è stato emotivamente distante e

128

ciò ha distrutto, nella figlia, la fiducia che un uomo potesse mai essere disponibile nei suoi confronti. Giovanna vede, quindi, il bisogno di solitudine di Davide come una minaccia costante. Lei sospettava sempre che Davide potesse essere sul punto di lasciarla ed era continuamente alla ricerca di prove che lui l'amasse veramente.

Dal canto suo, Davide s'insospettisce ogni volta che sua moglie esprime il suo affetto, in un modo troppo dipendente, pretendendo in cambio il suo amore. Davide ha sviluppato quest'atteggiamento nella sua famiglia d'origine, quando era bambino.

Suo padre dedicava poco tempo alla sua famiglia; di conseguenza, la madre aveva cercato in Davide l'appagamento dei propri bisogni emotivi. Sentendosi schiacciato dalle richieste della madre e mancandogli la protezione del padre, lui aveva imparato a proteggersi mantenendo una certa distanza di sicurezza da sua madre.

Quello che succedeva con la madre, Davide lo ripete con la moglie. Quando la moglie si avvicina a lui, per paura di essere abbandonata, Davide diventa "claustrofobico" e scatta il suo copione affettivo inconscio, con la sua paura di essere invaso e risucchiato. Questa paura, molto profonda, è una caratteristica del Bambino interno di Davide, che però è rinnegato e non è considerato.

Davide non capisce le necessità di Giovanna e teme che lei, come la madre, abbia l'intenzione di invaderlo e risucchiarlo. Giovanna non capisce perché lui non vuole darle ciò di cui lei ha bisogno, e sente che lui si comporta come suo padre: è distante, punitivo e freddo.

Il tema principale di scontro tra Giovanna e Davide riguarda i loro copioni affettivi inconsci.

Quello di Giovanna è: "Mi stai abbandonando".

Quello di Davide è: "Stai diventando troppo esigente e non mi lasci spazio".

Entrambi immaginano la stessa storia: "La persona che amo sta diventando anche il mio oppressore". In realtà, nessuno di loro due si adatta a questo ruolo, ma finché i loro copioni affettivi inconsci offuscano le loro percezioni, Davide e Giovanna non riescono a vedersi chiaramente a vicenda o a percepire ciò che sta veramente accadendo tra loro.

Per evitare di provare il dolore delle vecchie ferite dell'infanzia, ognuno di loro ha rinnegato e ha fatto "addormentare" alcune parti di se stesso. Rinnegando queste parti, le hanno rese estranee, proiettandole all'esterno e reagendo esageratamente quando le riconoscono nell'altro.

I conflitti più seri di una relazione di coppia sono alimentati proprio da questo tipo di proiezione reciproca. Quando l'altra persona esprime qualcosa che noi teniamo, o abbiamo rinnegato, di solito reagiamo in modo esagerato. Se abbiamo paura della nostra rabbia, la sua collera ci fa sentire annientati. Se non possiamo sopportare il nostro bisogno di dipendenza, quello dell'altra persona ci fa sentire claustrofobici.

Reagiamo alla rabbia o al bisogno dell'altra persona, allontanandola perché abbiamo paura di provare noi quegli stessi sentimenti. Di conseguenza, la nostra battaglia interna contro le parti di noi che rinneghiamo, diventa una battaglia esterna contro il partner.

130

Scopri il segreto dell'attrazione, dell'innamoramento e della scelta del partner.

Per quanto possiamo tentare di rinnegare queste parti di noi, la nostra intelligenza più ampia vuole che noi le riconosciamo, in modo da vivere più pienamente, avendo accesso a tutta la nostra esperienza.

Non è un caso, quindi, che Giovanna e Davide si siano attratti e scelti. Queste due persone si sono messe insieme perché possono aiutarsi a vicenda a guarire le vecchie ferite del loro passato e a recuperare parti importanti che hanno rinnegato il loro stessi.

Questa guarigione, però, non può avvenire sino a quando non riconoscono i loro copioni affettivi.

Davide e Giovanna possono usare queste proiezioni reciproche come indicazioni per recuperare le parti rinnegate di se stessi, che hanno bisogno di essere integrate. Quando una coppia è capace di usare il conflitto per sviluppare questa consapevolezza e conosce i propri copioni affettivi realizza un legame più forte.

Fortunatamente, Giovanna e Davide vivono un legame profondo e appassionato, che non vogliono perdere. Siccome hanno sofferto abbastanza, vivendo le loro proiezioni in relazioni precedenti, sono stati pronti e determinati a elaborare i loro conflitti in modo nuovo.

Il primo passo è stato quello di togliere la loro attenzione dalla foga del conflitto con il partner, per esplorare le ragioni del conflitto al loro interno. Qualsiasi scontro di relazione ci segnala le ferite dentro di noi, che non vogliamo vedere, ma che richiedono attenzione e cura.

Il secondo passo è considerare i bisogni del nostro Bambino interno. Per esempio, quando è emersa la Bambina interna ferita di Giovanna, lei ha compreso di avere un profondo bisogno di contatto.

Nel suo conflitto con Giovanna, il Bambino interno di Davide soffriva di sentirsi risucchiato dal bisogno di amore di lei. Quando Davide si è aperto a questa sofferenza, questo l'ha messo in contatto con una sua profonda ferita del passato: i suoi sentimenti conflittuali sul voler essere un individuo a pieno titolo. Pur accusando Giovanna di non lasciargli spazio, la verità era che lui pensava di non averne diritto. Questo perché si sentiva in colpa per aver dovuto respingere sua madre per essere se stesso.

Da questo senso di colpa, Davide aveva sviluppato storie persecutorie che gli facevano credere che il bisogno di essere se stesso era, in qualche modo, sbagliato, cattivo o impossibile.

In modo analogo, esplorando il dolore che provava nell'inseguire Davide, Giovanna è entrata in contatto con la sua Bambina interiore. Poiché da bambina si era sentita così inappagata, questa parte di lei ha creduto di non meritare l'amore. Prima di poter fare amicizia con la sua Bambina interiore, Giovanna ha dovuto anche diventare consapevole del suo Critico interno che le diceva: sei così bisognosa, che cosa c'è che non va in te?

La sua risposta abituale a questa voce era di crollare e sentirsi in colpa, cosa che la faceva sentire ancor più impotente e bisognosa. Aprendosi alla sua Bambina interna e imparando ad affrontare il suo Critico interiore, Giovanna ha sviluppato il coraggio di riconoscere più direttamente il suo bisogno d'amore. Lei si è resa conto che il proprio desiderio d'amore è una vera forza non una debolezza.

Quando, finalmente, lei è riuscita a esprimere i propri desideri d'intimità in maniera semplice e diretta, Davide non si è sentito più minacciato ed è potuto andarle incontro.

132

"Il Segreto dell'Attrazione nella coppia"

Scopri il segreto dell'attrazione, dell'innamoramento e della scelta del partner.

Scopri il tuo copione famigliare inconscio.

I nostri copioni affettivi inconsci si basano sulle esperienze frustranti che abbiamo vissuto nella nostra fanciullezza. Da queste esperienze frustranti abbiamo tratto delle convinzioni e abbiamo preso delle decisioni, che continuano ad agire, dentro di noi, attraverso il nostro Bambino interiore e ci condizionano, ancora oggi, nelle nostre scelte affettive.

Un copione affettivo inconscio è costituito, quindi, da una serie di convinzioni e decisioni, che abbiamo sviluppato in relazione ad alcune situazioni frustranti che abbiamo vissuto quando eravamo bambini.

In altre parole, le esperienze frustranti della nostra vita ci hanno indotto a sviluppare alcune convinzioni e a prendere determinate decisioni su noi stessi, gli altri e la vita in generale.

L'insieme di queste convinzioni e decisioni, che abbiamo preso da bambini, costituisce il nostro copione affettivo, che è prevalentemente inconscio. Esso c'induce, da adulti, a sentirci attratti verso certe persone e a effettuare determinate scelte sentimentali.

Tutto questo si può rappresentare con il seguente schema:

Esperienze frustranti vissute da bambini ->

Convinzioni e Decisioni -> Copione affettivo inconscio -> Scelte sentimentali.

Siccome questo copione affettivo si è formato quando eravamo bambini, esso è prevalentemente inconscio. La parte che porta, dentro di noi, questo copione affettivo inconscio è il nostro Bambino interiore, che nella maggior parte dei casi è un sé rinnegato.

Ora puoi capire perché nelle scelte affettive, prevale la dimensione inconscia. Tu puoi dichiarare coscientemente: "Voglio avere al mio fianco una persona meravigliosa, che mi ami e mi tratti bene". Ma quanto vale questa tua decisione cosciente?

Esprimendola in termini percentuali, potrebbe valere, al massimo, un 10 - 20%. Devi sapere che il tuo copione affettivo, che è inconscio, vale per l'80- 90%. È, quindi, il tuo copione affettivo inconscio che ti spinge a effettuare determinate scelte di coppia.

Se tu non lo conosci e non lo sai governare, è lui che dirige il "gioco" dei tuoi rapporti per conto tuo. È lui che determina l'attrazione verso una certa persona e la tua scelta del partner. Solo quando scoprirai e conoscerai il tuo copione affettivo, avrai la libertà di cambiare il tuo comportamento e di governare la tua vita di coppia.

Come puoi scoprire il tuo copione affettivo inconscio?

Ecco un esercizio che ti aiuterà a scoprire e conoscere il tuo copione affettivo trasformandolo da inconscio a conscio. Si tratta di un esercizio in tre passi:

1. **Fai un elenco delle situazioni e delle esperienze più penose e frustranti che ricordi del tuo passato.** Riepiloga gli avvenimenti dall'infanzia sino a quando hai lasciato la casa dei tuoi genitori. Includi anche le situazioni negative che ancora perdurano nella tua famiglia d'origine (per esempio, l'alcolismo di uno dei tuoi genitori, la loro separazione e divorzio, ecc.)

Ecco alcuni esempi di situazioni ed eventi frustranti da cui puoi prendere spunto:

- Mia madre e mio padre litigavano sempre.
- I miei genitori si sono separati.
- Dovevo continuamente subire il confronto con mio fratello - mia sorella.
- Mio padre non era mai in casa e tradiva mia madre.
- Mia madre tradiva mio padre.
- Ero sovrappeso e tutti mi prendevano in giro.
- La mia famiglia era povera e non avevamo mai i soldi e il tempo per divertirci.
- Mia madre faceva continue scenate e aveva grandi sbalzi d'umore.
- Mio padre non mi ha mai dimostrato affetto, né mi ha mai lodato.
- Mia madre è morta quando ero ancora bambino/a.

- Mio padre è morto quando ero ancora bambino/a.

- Avevo un patrigno/una matrigna che mi odiava.

- Siamo cresciuti nel continuo timore di commettere qualche peccato.

- Mio padre mi ha molestato sessualmente.

- Mia madre non rispettava mai i miei spazi.

- Quando è nato mio fratello/mia sorella io sono stato messo in secondo piano.

- I miei genitori hanno fatto sopprimere il mio cane senza dirmelo.

- Mio padre aveva promesso di venire alla festa per il mio compleanno e, invece, non si è fatto vedere.

- Ho visto mio padre picchiare mia madre.

- Mio padre/mia madre era alcolista.

- Avevo creduto che mia madre mi avesse abbandonato nel grande magazzino.

- I miei genitori non mi hanno creduto, quando ho detto che mio fratello mi ha molestato.

- La mia migliore amica mi ha voltato le spalle e ha detto a tutti quanti che mi odiava.

- A scuola tutti mi prendevano in giro.

2. **Ora, rifletti, con attenzione, su ogni voce dell'elenco e domandati:** *quali convinzioni ho tratto su di me, sugli altri, sulla vita, a causa di queste esperienze?*

Realizzerai, più adeguatamente, questa valutazione se entri in contatto con il tuo Bambino interiore e provi a ricordare, attraverso questa tua parte, le convinzioni che hai sviluppato. Scrivi, poi, le convinzioni che ti vengono in mente accanto alla situazione frustrante. Non ti stupire se alcune convinzioni che hai tratto, quando eri bambino/a, risultano simili tra loro.

Ecco alcuni esempi di convinzioni:

Situazione frustrante	**Convinzione:**
• I miei genitori si sono separati.	• Non merito l'amore degli altri.
• Papà non era mai a casa e tradiva la mamma.	• Non ci si può fidare degli uomini e le donne sono delle vittime.
• La mamma faceva continuamente scenate e aveva sempre sbalzi di umore.	• Devo controllarmi, altrimenti faccio soffrire gli altri.
• Ho visto mio padre picchiare mio fratello.	• Devo stare buono se non voglio che mi facciano del male.
• I miei genitori non mi hanno creduto quando ho detto che mio fratello mi ha picchiato.	• Non riesco a proteggere quelli che amo.
• Siamo cresciuti in una famiglia molto religiosa e nel continuo timore di commettere peccato.	• I miei sentimenti non contano perciò devo tenermeli per me.
• Avevo un patrigno/una matrigna, che mi odiava.	• Non è bene divertirsi e pensare al sesso.
• Mia madre/mio padre è	• Quelli che mi amano non mi difendono e mi abbandonano.

morto/a.

- Papà non mi ha mai dimostrato affetto, né mi ha mai lodato.

- Devo aver cura di tutti.
- Non merito amore, devo faticare moltissimo per farmi amare

3. Dopo aver riflettuto sulle convinzioni e decisioni che hai preso in relazione a una particolare esperienza frustrante, annota il modo in cui questo copione affettivo ha influenzato le tue scelte di coppia.

Questa è la parte più difficile dell'esercizio, ma è anche la più importante. Forse ci vorranno alcuni giorni e l'aiuto di qualcuno per chiarirti le idee su questo punto. Aggiungi al tuo elenco le nuove rivelazioni che affiorano nella tua mente.

Vediamo, ad esempio, come Alice scopre il suo copione affettivo:

Situazione frustrante:	Convinzione:	Scelta affettiva:
• I miei genitori si sono separati senza dirmi niente.	• Le persone che amo, mi mentono e non ci si può fidare di loro.	• Uomini insinceri con se stessi e con me.
• Mio padre mi faceva promesse che	• Le persone che amo mi deludono e	• Uomini che prima metto sul piedistallo

138

non
manteneva.

non ci si può
fidare degli
uomini.

e poi mi
deludono,
perché sono
degli
irresponsabili.

- Quando mi
sono
ammalata,
papà non si è
preso cura di
me; solo la
mamma lo ha
fatto.

- Non posso
contare sugli
uomini, devo
badare a me
stessa.

- Uomini con
poca voglia di
lavorare,
irresponsabili,
che si fanno
mantenere da
me.

- Papà e
mamma non
mi hanno mai
parlato della
loro
separazione e
si sono
comportati
come se tutto
andasse bene.

- È rischioso,
per me, far
capire ciò che
sento e le
persone che
amo non
vogliono
parlare delle
loro emozioni.

- Uomini che
non parlano
dei loro
sentimenti e
detestano la
mia emotività.

- Mio padre non
mostrava mai
affetto per mia
madre e la
tradiva con

- Non ci si può
fidare degli
uomini che
vogliono solo
sesso e non

- Uomini che
non mi
mostrano il
loro affetto e
sono attirati

altre donne.   danno affetto.   da altre
                                              donne.

Con questo esercizio Alice si rende conto chiaramente di quanto è stata condizionata dagli eventi della sua fanciullezza. Il suo copione affettivo inconscio l'ha indotta a scegliere partner inadeguati.

Leggendo le convinzioni che lei ha sviluppato da bambina, sono emerse le ragioni profonde delle sue scelte affettive. Si è resa conto, inoltre, che la sua Bambina interna ha ancora queste convinzioni, che l'hanno spinta a effettuare determinate scelte di coppia.

Alice si è resa conto, con questo esercizio, che il suo copione affettivo inconscio l'ha spinta ad attirare e scegliere uomini che le facevano sentire le stesse emozioni che lei ha provato, da bambina, rispetto a suo padre. Ha scelto dei partner che l'hanno fatta sentire arrabbiata, poco considerata e tradita, esattamente come è successo con suo padre.

Il suo è un classico "copione affettivo paterno". Alice si è resa conto di quanto fosse forte questo condizionamento inconscio, perché era troppo abituata a sentirsi così fin da bambina.

"Il Segreto dell'Attrazione nella coppia"
Scopri il segreto dell'attrazione, dell'innamoramento e della scelta del partner.

6. Il Segreto della Coazione a ripetere

Uno degli aspetti fondamentali del tuo copione affettivo inconscio è la coazione a ripetere. Essa ti spinge a portare a termine i compiti lasciati a metà del tuo passato. Da bambini abbiamo l'esigenza di sentirci amati, specialmente da parte dei nostri genitori, e si desidera che anche loro si sentano amati. Se, durante l'infanzia, queste esigenze fondamentali non sono soddisfatte, qualcosa d'importante è lasciato incompiuto. In questo caso hai una sensazione di disagio psicologico e d'incompletezza, che tenti di risolvere attraverso il rapporto di coppia.

Che cosa è la coazione a ripetere.

Ecco una descrizione, molto efficace, di cosa è la coazione a ripetere, attraverso quello che scrive Silvia:

M'innamoro sempre di uomini difficili, che non si vogliono legare, che scappano o che mi prendono in giro. Sono una donna piacevole, molti uomini me lo hanno detto, ma dopo un po' sono sempre lasciata, oppure m'imbatto sempre in storie difficili senza futuro.

M'innamoro sempre di uomini che, inesorabilmente, mi fanno soffrire. Mentre quelli che mi cercano o che vogliono veramente stare con me, li rifiuto, oppure anche se m'impegno non ce la faccio a innamorarmi di loro. Tutto ciò sta rovinando la mia vita. Sto continuamente soffrendo senza trovare una via d'uscita a questa mia situazione.

Mi sembra che più soffro, più mi deprimo, più mi va via la voglia di fidarmi di qualcuno, di aprirmi. Mi va via la voglia di vivere, perché penso sempre che ci sia qualcosa in me che non piace agli uomini. Sono la bellezza di quattro anni che sono ripetutamente lasciata. Le mie storie arrivano al massimo a quattro mesi, più in là non riesco ad andare.

Non mi è stato mai possibile creare qualcosa di profondo. Non me ne hanno mai dato il tempo. Mi sono sempre innamorata di persone che non si sono mai innamorate di me e penso che la mia vita sia sempre così. Non riesco a capire dove sto sbagliando.

Ho cercato di cambiarmi, ma nonostante questo, nonostante sia cresciuta e maturata non cambia nulla nella mia vita. Come faccio a spezzare questa catena? Da cosa dipende tutto ciò?

Credo che molte persone si siano chieste, così come fa Silvia, perché si ripetono sempre gli stessi errori e si è attirati dallo stesso tipo di partner. Ovviamente, me lo sono domandato anch'io scoprendo che questa questione della coazione a ripetere è stata ampiamente dibattuta nella psicologia.

Una delle intuizioni fondamentali della psicoanalisi di Freud è stata la tendenza, di noi esseri umani, a rivivere le sofferenze che abbiamo provato nel corso della nostra infanzia. Freud ha definito

142

questo fenomeno "**coazione a ripetere**" e l'ha spiegata con le tendenze masochistiche dell'istinto di morte.

Freud ha considerato la "coazione a ripetere" come un processo incoercibile, d'origine inconscia, in cui una persona si pone attivamente in situazioni penose, ripetendo vecchie esperienze, senza ricordarsi della loro origine passata, con l'impressione che si tratti di comportamenti pienamente motivati dalla situazione presente. Egli ha considerato molti sintomi nevrotici, come la manifestazione di un conflitto passato che riemerge nel presente.

Altri psicoanalisti, che si sono occupati della coppia, hanno ipotizzato che questa tendenza alla "coazione a ripetere" possa avere anche un fine "curativo". Lo psicoanalista inglese H. V. Dicks ha definito il rapporto di coppia come una sorta di *"relazione terapeutica naturale"*. A suo parere, abbiamo la necessità di trovare nel coniuge una persona idonea ad affrontare le questioni irrisolte, che ciascuno si porta dietro dal proprio passato.

La coazione a ripetere è un fenomeno sconcertante, per cui, ad esempio, i figli di genitori alcolizzati scelgono partner alcolizzati; le vittime di maltrattamenti sposano individui violenti o diventano a loro volta violenti; bambini rigidamente controllati, diventano adulti che si lasciano dominare o lo fanno con gli altri; chi ha subìto abusi sessuali, finisce spesso a prostituirsi in età adulta, ecc.

Sembra, quindi, che siamo portati a rivivere il nostro dolore, ripetendo i comportamenti autolesionistici vissuti nel passato. Nella vita adulta ricreiamo, in vari modi, condizioni molto simili a quelle che hanno avuto effetti negativi nel nostro passato.

Ma perché facciamo tutto questo? Come ho detto in precedenza, Freud trova la spiegazione della coazione a ripetere nelle tendenze masochistiche degli esseri umani, che sono espressione dell'istinto di morte. Questa posizione non mi ha mai convinto, perché sottolinea solo l'aspetto negativo della coazione a ripetere e la rende qualcosa di inevitabile.

Un'altra spiegazione del perché della "coazione a ripetere" è quella della teoria dell'Imago, elaborata dallo psicoterapeuta americano Harville Hendrix, studiando i rapporti di coppia.

La teoria dell'Imago pone l'accento sull'aspetto curativo dei rapporti di coppia. Sostiene, infatti, che cerchiamo di ricreare nella coppia le situazioni frustranti della nostra infanzia, non per farci del male, ma per cercare di risolverle attraverso la persona con cui stiamo ora.

Cerchiamo quindi d'ottenere, da una persona che assomiglia ai nostri genitori, ciò che non abbiamo ottenuto da bambini, al fine di guarire e recuperare la gioiosa vitalità e completezza con cui siamo venuti al mondo.

Questo programma è del tutto inconscio. Siccome le vecchie ferite sono riaperte dal partner, proprio perché è molto simile ai nostri genitori, noi reagiamo nei consueti modi infantili anche con lui o lei.

144

Diversamente, nell'ambito di una relazione consapevole, riconosciamo questo copione affettivo e utilizziamo la relazione per sanare le nostre ferite e quelle dell'altra persona.

La nostra mente inconscia si ricorda questi desideri, perché sono importanti, e cerca di ricreare, nella tua vita adulta, le circostanze adatte per soddisfarli.

Il tuo inconscio cerca di portare a termine i compiti affettivi che hai lasciato a metà nel tuo passato e lo fa spingendoti a scegliere persone che ricreano le situazioni frustranti della tua infanzia, nella speranza che questa volta le cose andranno diversamente.

Uno degli scopi principali del tuo copione affettivo inconscio è di portare a termine le questioni emotive che hai lasciato irrisolte nel tuo passato.

Forse, anche tu, senza saperlo, stai cercando di portare a termine, attraverso il tuo rapporto di coppia, delle questioni irrisolte del tuo passato.

Puoi farlo in diversi modi, ma i principali sono i seguenti:

1. **"Ritornare a casa"**, vale a dire "innamorarti" di qualcuno simile a tua madre o tuo padre.

2. **Attirare una persona che non ti dà l'amore che desideri**, o ti fa soffrire per conquistarlo.

3. **Attirare una persona che, diversamente dai tuoi genitori, ti dà l'amore che desideri**, ma respingendola per farla soffrire e "vendicarti" con lei.

4. **Cercare di "salvare" un tuo genitore**, che non ha ricevuto sufficiente amore, attraverso il "salvataggio" del partner.

Il copione affettivo del "ritorno a casa".

Ci sono molti modi in cui il tuo copione affettivo inconscio può influenzare la tua scelta della persona da amare, ma il principale è quello che si può definire come il **"ritorno a casa"**.

Come sai, noi tendiamo a essere abitudinari: ci piace dormire nella stessa parte del letto ogni notte, parcheggiare la macchina nello stesso posto, tornare in un luogo di vacanza nel quale ci siamo trovati bene ecc.

Ritornare a ciò che è familiare, è una tendenza fondamentale che dà, alla nostra vita, un senso di continuità e di sicurezza, in un mondo così caotico e mutevole.

Questa tendenza, però, può anche essere negativa, specialmente nei rapporti di coppia. Spesso si tende a ricostruire, nei rapporti di coppia, una situazione emotiva simile a quella che si è già vissuta nell'infanzia, indipendentemente dal fatto che sia stata positiva o negativa.

Ecco perché lo facciamo:

Quando siamo piccoli, la nostra famiglia d'origine è la fonte principale di amore e di sicurezza nella nostra vita. Noi associamo, nella nostra mente inconscia, il concetto di famiglia, con quello di amore. Quello che abbiamo vissuto nella nostra famiglia d'origine è, a livello inconscio, ciò che consideriamo amore.

Questo avviene sia negli aspetti positivi, sia in quelli negativi. Per esempio, se i tuoi genitori erano molto amorevoli e affettuosi tra
146

loro, allora nel tuo inconscio si è formata l'equazione **famiglia = affetto e amore.**

Se i tuoi genitori litigavano spesso, nel tuo inconscio si è formata l'equazione: **famiglia = aggressività.**

Ricordi la proprietà transitiva che abbiamo appreso a scuola? Se A = B allora B = A. Usiamo questo principio per illustrare il concetto di ritorno a casa:

- Se Amore = Famiglia e Famiglia = Aggressività, allora Amore = Aggressività.

- Se Amore = Famiglia e Famiglia = Solitudine, allora Amore = Solitudine.

- Se Amore = Famiglia e Famiglia = Paura, allora Amore = Paura.

La tua mente inconscia equipara qualsiasi associazione con il concetto di famiglia alle emozioni che l'amore dovrebbe farti provare.

Se per te la famiglia è stata un luogo in cui hai vissuto molta aggressività, è possibile che tu attiri, a livello inconscio, partner instabili, con cui hai un rapporto drammatico e aggressivo.

Se la tua famiglia è stata un luogo in cui ha provato molta solitudine, allora attirerai un partner che non ti dà sufficientemente affetto e attenzione, cosicché proverai molta solitudine.

Se nella tua famiglia d'origine hai provato molta paura, allora è possibile che attirerai persone che ti criticano continuamente, che minacciano di lasciarti, così da farti vivere nel timore dell'abbandono.

A livello inconscio scegliamo ciò che c'è familiare.

Ovviamente hai anche associazioni positive con la tua famiglia, ma sono le associazioni più dolorose quelle che creano i maggiori problemi, perché sono generalmente inconsce.

In altre parole, se la tua famiglia è stata un luogo in cui i genitori ti hanno dato molto affetto, ma ti hanno anche molto criticato, consciamente cercherai un partner affettuoso, che ti dia amore, ma a livello inconscio finirai per scegliere una persona che ti criticherà continuamente.

Il ritorno a casa di Alice.

Un esempio di "ritorno a casa" è quello di Alice, che abbiamo visto nei capitoli precedenti. Chiedendo ad Alice di scrivere gli aspetti negativi vissuti nella sua famiglia d'origine, è emerso il seguente elenco:

- Delusione.
- Mancanza di comunicazione dei sentimenti.
- Inadeguatezza.
- Tradimento.
- Rifiuto.
- Insincerità.
- Abbandono.

Queste sono anche di aspetti negativi che Alice ha associato alle relazioni del suo passato, che sono finite male. Con i suoi partner precedenti, lei ha provato proprio tutto questo: delusione, rifiuto,

148

mancanza di comunicazione dei sentimenti, tradimento, inadeguatezza, insincerità e abbandono.

Con i suoi partner del passato, Alice ha attuato un vero e proprio **"ritorno a casa"**. È ritornata, attraverso questi rapporti, a ciò che per lei è familiare. I suoi rapporti precedenti hanno tutti la caratteristica di un vero proprio **"ritorno a casa"**.

Tutte le sue storie d'amore passate hanno incluso le stesse emozioni, che lei aveva sperimentato da bambina. Questo significa che Alice aveva lasciato la sua famiglia fisicamente, **ma non a livello emotivo**. Continuava, cioè, ad attirare le stesse circostanze emotive, poiché, per quanto fossero penose, erano le uniche che conosceva a livello inconscio.

La cosa buona è che l'attuale rapporto con Davide riproduce, in misura molto minore, il suo copione affettivo inconscio disfunzionale. A differenza degli altri partner, Davide è un uomo responsabile, lavoratore, emotivamente aperto.

È come se Alice si fosse decisa, finalmente, a lasciare emotivamente la sua famiglia d'origine. Davide la sta aiutando a modificare molte conclusioni negative che lei aveva tratto sull'amore; anche se in certi momenti anche lui le ricorda suo padre, con Davide riesce a dialogare e questo la aiuta moltissimo.

Alice non si era mai resa conto di quanto fosse stata condizionata dagli eventi della sua fanciullezza. Lei attirava uomini che la facevano sentire nello stesso modo in cui si era sentita con suo padre: arrabbiata, poco considerata e tradita.

La cosa peggiore è che non si accorgeva nemmeno di questo

condizionamento, perché era troppo abituata a sentirsi così, fin da piccola.

Ora, che Alice comprende meglio le ragioni profonde dei suoi legami passati, può cominciare ad apportare qualche cambiamento nel suo copione affettivo inconscio, allo scopo di attirare l'uomo giusto per lei.

Il copione affettivo materno.

Per prima cosa, scopri se questo è il tuo caso. Se rispondi di sì a una o più delle seguenti domande, è molto probabile che rientri in questa categoria:

- L'altra persona ti ricorda molto tua madre, per il modo in cui si comporta, reagisce o ti tratta?

- Ti comporti, reagisci o tratti l'altra persona come tua madre trattava te?

- Ci sono delle dinamiche dell'altra persona simili a quelle che hai osservato tra tuo padre e tua madre?

- Scegli sempre un partner che sarà approvato o disapprovato da tua madre?

- T'irriti se non hai l'approvazione di tua madre o discuti con lei per avere la sicurezza che comprenda le tue idee?

Il rapporto di Marta e Bruno.

Vediamo un esempio di programma affettivo inconscio legato alla madre, nel caso del rapporto di Marta e Bruno, che abbiamo visto precedentemente.

Quando incontrò Bruno, Marta aveva solo 17 anni ed era stata ricoverata all'ospedale. Bruno era il suo medico curante, un giovane sensibile, di dieci anni più vecchio di lei.

Sin da quel primo incontro Bruno s'innamorò di Marta e la stava ad ascoltare pazientemente, ed era sinceramente interessato ai suoi sogni e ai suoi progetti. Lui era anche sorprendentemente premuroso: le portava dei fiori, esprimeva il suo amore in vari modi.

Marta ne fu affascinata ed era molto felice nel sentirsi amata in un modo così profondo. Quando la madre di Marta conobbe Bruno, affermò che era molto felice che sua figlia avesse trovato un compagno così perfetto. Non solo Bruno era un "buon partito", ma si sarebbe anche preso cura di lei adeguatamente, perché l'amava molto.

Alla fine si sposarono, quando Marta aveva solo 19 anni. La nascita della loro figlia Barbara, un anno dopo, portò il loro rapporto in una profonda crisi.

Qualcosa tormentava Marta: sentiva che l'atteggiamento affettuoso di Bruno da una parte le piaceva, ma dall'altra la faceva sentire "intrappolata" in qualcosa d'indefinito. Era come se avesse paura che il rapporto con Bruno la bloccasse nella realizzazione di se stessa.

Marta volle mettere alla prova il marito, per fugare questa sua sensazione. Lei aveva un sogno segreto: desiderava diventare pittrice. Ne parlò con Bruno e fu sorpresa di trovare in lui un valido sostegno.

Bruno la incoraggiò ad abbandonare il tedioso lavoro d'impiegata che aveva trovato dopo l'università e a prendere tutte le lezioni necessarie per iniziare la sua nuova attività.

Marta s'iscrisse a un corso di pittura. Ogni sera tornava a casa da Bruno, che aveva preparato la cena ed era desideroso di prendere parte alle novità della sua vita e la ascoltava entusiasta di quello che stava facendo.

Dopo pochi mesi, però, la relazione di Marta e Bruno entrò in crisi. Marta scoprì di essere attratta da un uomo incontrato al corso di pittura, e che l'attrazione era reciproca. Si concesse un'uscita con lui e così incominciò una relazione extraconiugale.

Poco dopo, scoprì di non riuscire più a fare l'amore con Bruno. Lei era tormentata dal senso di colpa: perché trattava in questo modo un uomo così splendido?

Come abbiamo visto, la psiche umana non è così unitaria come pensiamo. In Marta erano presenti un sé amorevole nei confronti di Bruno e un altro sé che si ribellava al rapporto con lui. Questa sua parte, o subpersonalità, la costringeva a essere "cattiva" nei confronti di Bruno, ed era sempre più attratta dall'altro uomo.

Un giorno, mentre stava uscendo dall'appartamento dell'amante, Marta intravide Bruno. La cosa peggiore che sarebbe potuta succedere, alla fine accadde. Marta, terrorizzata, pensava che non avrebbe mai avuto il coraggio di sostenere lo sguardo di dolore e rabbia di Bruno.

Prese quindi la decisione di sottoporsi a una consulenza psicologica per comprendere il suo comportamento. Bruno era ferito

"Il Segreto dell'Attrazione nella coppia"

Scopri il segreto dell'attrazione, dell'innamoramento e della scelta del partner.

è arrabbiato, ma, ancora una volta, sostenne la sua scelta. Avrebbe aspettato per vedere se era possibile far rivivere la loro relazione.

Con la consulenza psicologica Marta scoprì che aveva seguito un classico copione affettivo inconscio materno. In sostanza si era sposata con un uomo che aveva molte caratteristiche simili a sua madre, e di conseguenza si ribellava, come aveva fatto nei suoi confronti da adolescente.

Questa ribellione adolescenziale aveva causato a madre e figlia un grosso dolore, poiché la madre di Marta era stata sempre presente e affettuosa, proprio come Bruno.

Da adolescente Marta iniziò a percepire che sua madre stava cominciando a vivere la sua vita al posto suo. Cominciò a soffrire profondamente di quest'attaccamento materno e quindi a comportarsi male nei suoi confronti. Iniziò a star fuori più del previsto, a non preoccuparsi dei lavori domestici, a scordarsi di fare ciò che la madre le aveva chiesto, ecc.

Ora, da adulta, Marta continuava a vivere lo stesso tipo di conflitto. Aveva bisogno di essere amata. Aveva bisogno di qualcuno che si prendesse cura di lei, tuttavia era "infuriata" con chiunque lo facesse.

In sostanza, riviveva con Bruno le attenzioni di sua madre. Queste attenzioni le avevano fatto piacere, ma avevano anche soffocato la sua indipendenza opprimendola. Tutto questo era rivissuto nel rapporto con Bruno, proprio perché lui aveva un atteggiamento molto simile a quello della madre.

Marta era incatenata in una relazione di "dipendenza arrabbiata" nei confronti di Bruno. Da una parte desiderava poter pensare a se stessa, ma dall'altra le mancava la sicurezza per farlo e quindi si appoggiava a Bruno e al suo grande affetto.

C'è voluto molto tempo perché Marta cominciasse vedere Bruno così com'era veramente; ad accettare che il suo interesse verso di lei non fosse, come nel caso della madre, un tentativo di vivere al posto suo. Marta comprese, quindi, che poteva accettare la sua attenzione, senza sentirsi soffocata.

Marta dovette comprendere il suo copione affettivo inconscio, prima di poter accettare l'attenzione e l'affetto di Bruno, senza sentirsi soffocata. Doveva riconoscere che persino la sua attrazione verso di lui, poteva essere stata parzialmente motivata dalla somiglianza di Bruno con sua madre. Doveva comprendere, però, che non aveva sposato sua madre.

Il rapporto di Luigi con sua madre.

Un altro esempio di copione affettivo inconscio, legato alla madre, è quello di Luigi, un uomo di trentadue anni, il quale non riesce a vivere una normale storia d'amore con una donna.

Frequenta prostitute e si eccita solo quando è in loro compagnia, ma la sua potenza sessuale sparisce quando ha a che fare con una donna di cui apprezza, oltre al fisico, anche la personalità e l'intelligenza. Per Luigi, dunque, sembra valida la classica divisione tra "amore sacro e profano".

Il programma affettivo inconscio di Luigi è dominato dal rapporto con la madre. Nel suo caso vediamo chiaramente come il rapporto con la madre condizioni tutta la sua vita. Lui stesso afferma

"Il Segreto dell'Attrazione nella coppia"

Scopri il segreto dell'attrazione, dell'innamoramento e della scelta del partner.

di non poter fare a meno di paragonare ogni donna che incontra a sua madre e quest'ultima è sempre la migliore.

La madre di Luigi ha alimentato quest'attaccamento morboso sin da quando lui era bambino. Spesso gli ripeteva che, dopo tutti i sacrifici fatti per lui, non la doveva abbandonare mai. Gli diceva: Devi restarmi vicino per quando sarò io ad avere bisogno di te...

Il rapporto di Luigi con sua madre le ha impedito di costruire una storia d'amore con un'altra donna. Per Luigi amore e desiderio sessuale procedono su due strade diverse senza mai incontrarsi, come invece sarebbe normale.

La madre di Luigi si è trovata a dover crescere, da sola, il figlio unico e gli impedisce di "lasciare il nido". Questa madre ha ostacolato così suo figlio, nella formazione della sua identità, tendendo sempre a proteggerlo dai contatti con il mondo esterno.

Luigi è cresciuto senza nessun modello maschile con cui identificarsi, e la sua vita era basata tutta attorno alla madre. In questo modo, lui si è convinto, nel profondo del suo essere, che nessuna donna avrebbe potuto mai eguagliare la madre. Nessun'altra donna saprebbe mai dimostrargli un amore pari a quello materno.

In conformità a questo copione affettivo inconscio, Luigi riesce ad avere rapporti con le donne, solo se sono passeggeri e non implicano nessun impegno e coinvolgimento profondo.

Nel suo copione affettivo inconscio, Luigi ha stabilito una netta differenziazione tra l'amore sacro per la madre e l'amore erotico delle altre donne. L'amore per la madre, non contaminato dal sesso, è l'unico che vale per la vita. L'amore per le altre donne vale solo come passeggero interesse sessuale.

Il copione affettivo paterno.

Per prima cosa, scopri se questo è il tuo caso. Se rispondi di sì a una o più delle seguenti domande, è molto probabile che il tuo copione affettivo inconscio rientri in questa categoria:

- L'altra persona ti ricorda molto tuo padre per il modo in cui si comporta, reagisce o ti tratta?

- Ti comporti, reagisci o tratti l'altra persona come tuo padre trattava te?

- Ci sono delle dinamiche, tra te e l'altra persona, simili a quelle che hai osservato tra tuo padre e tua madre?

- Scegli sempre un partner guardando prima di tutto se sarà approvato o disapprovato da tuo padre?

- T'irriti se non hai l'approvazione di tuo padre o discuti con lui per avere la sicurezza che comprenda le tue scelte affettive?

Il rapporto di Mara con gli uomini sposati.

Vediamo un esempio di programma affettivo inconscio legato al rapporto con il padre.

Mara sembra destinata a innamorarsi, costantemente, di uomini impossibili. Lei tende ad avere storie con uomini sposati, riuscendo, solo con difficoltà, a guarire dalla cocente delusione di non poterli avere tutti per sé. Gli uomini che, invece, sarebbero disponibili nei suoi confronti e che si dimostrano interessati a lei, non l'attirano per niente. Questa è la caratteristica del suo copione affettivo inconscio: quello che desidera Mara è un uomo disposto a "fare qualsiasi cosa per lei".

Alla base di questo comportamento c'è il suo copione affettivo inconscio, che la lega ancora all'immagine interna del padre, che ha formato da piccola. Per Mara la vita sentimentale è una continua ripetizione delle esperienze infantili. Ciò che le è mancato da piccola, infatti, è l'affetto paterno.

I genitori di Mara si sono separati, quando lei era piccola, e il padre si è stabilito in un'altra città, formando una nuova famiglia. Mara, quindi, è cresciuta affidata alla madre. La madre le era vicina nei momenti difficili, ma era anche quella che la rimproverava e le ricordava i suoi doveri.

Il padre, invece, si faceva vivo solo di rado. Quando lo faceva, le portava molti regali, le parlava con entusiasmo della sua nuova città ed era pronto a concederle tutto ciò che lei voleva, senza rimproverarla mai.

In questi sporadici incontri, Mara si è costruita un'immagine interna ideale del padre. Il padre le appariva come una sorta di "principe azzurro", che, alcune volte, la faceva evadere dalla monotonia di tutti giorni.

Dentro di sé era sostanzialmente "innamorata" di lui e desiderava ardentemente la poca considerazione che lui le dava, dedicandole solo i ritagli del suo tempo.

Ora che è adulta Mara sente molto risentimento nei confronti del padre. A livello cosciente, pensa che, in sostanza, lui abbia lasciato a sua madre tutta la responsabilità di crescerla. Da questo punto di vista, lui ha avuto una vita molto comoda, senza molte responsabilità nei suoi confronti.

A livello inconscio, però, c'è una parte di Mara è ancora "innamorata" di suo padre e proietta questo suo amore sugli uomini che desidera. Il copione emotivo inconscio di Mara, che si basa su questa immagine ideale del padre, la spinge a ricercare, nella sua vita adulta, "un uomo tutto per sé". Mara è ancora impegnata a dimostrare a se stessa di poter ottenere l'amore incondizionato di un uomo (come aveva fatto con suo padre da piccola). È questo l'obiettivo inconscio dei suoi rapporti sentimentali e questa sfida si esprime proprio nella sua attrazione per gli uomini sposati.

Il rapporto di Adriana con Michele.

Un altro esempio di copione affettivo inconscio, legato al rapporto con il padre, è quello di Adriana. Lei era già cosciente del fatto che le sue relazioni con gli uomini rispecchiassero alcune delle dinamiche vissute da bambina, in particolare con suo padre.

Adriana convive con Michele, il suo compagno, e afferma che l'ha scelto proprio perché assomiglia molto a suo padre. Secondo Adriana, Michele è l'uomo ideale, soprattutto perché non è un debole.

Il copione affettivo inconscio di Adriana la spinge a ricercare uomini che, come suo padre, sono "forti". Per lei un rapporto funziona solo se è con un uomo "forte", per certi versi anche "rude", proprio com'era suo padre.

Il primo rapporto importante di Adriana, è stato con un uomo

158

"debole", che accettava le sue bugie, i suoi sbalzi di umore, le sue richieste irrazionali, le sue insicurezze, ecc. Questo rapporto è finito malamente, proprio perché non corrispondeva minimamente al copione affettivo inconscio di Adriana.

Con Michele il rapporto è completamente differente; lui non tollera le sue bugie, i suoi sbalzi d'umore, le sue richieste irrazionali, ecc. Con lui Adriana si sente sicura e guidata nella giusta direzione.

Ciò che Adriana non comprende, è che ha sostituito un copione affettivo inconscio, con un uomo simile a sua madre, con un altro con un uomo simile a suo padre, ma nessuno dei due può soddisfarla.

Adriana ha scelto Michele, perché questo l'ha costretta a fare tanta fatica per guadagnarsi la sua approvazione, proprio come le era successo da piccola con suo padre.

Col passare del tempo, però, l'entusiasmo di Adriana nei confronti di Michele si è attenuato ed è sparito del tutto. Alla fine, anche il rapporto con Michele è entrato in crisi, proprio perché lui assomigliava troppo a suo padre e lei ha cominciato a sentirsi troppo controllata e diretta da lui.

Per Michele, che era un uomo "forte" e "rude", qualsiasi cosa Adriana fa non va mai bene. La critica persino quando hanno rapporti sessuali, perché si muove troppo o perché fa troppo rumore, ecc. Certo, subito dopo le dice che lei è la donna più sexy del mondo. Questo, in passato la mandava in solluchero ma ora non più.

Adriana si rende conto che con Michele non ha molto dialogo e che alcune volte si sente come un cane affamato in attesa che le sia buttata qualche briciola. Le dimostrazioni di affetto e amore di Michele nei suoi confronti sono veramente poche e la lasciano del tutto insoddisfatta.

Adriana comincia a capire che la sua attrazione verso Michele è il tentativo non soltanto di rivivere la sua relazione con il padre, ma di migliorarla. Questo risultato, però, lei non sente di ottenerlo nel rapporto con Michele. Questa relazione, infatti, riproduce la dinamica di rapporto di Adriana con suo padre e non vi apporta nessun miglioramento o correzione. Da qui la crisi del rapporto e la sua insoddisfazione.

Adriana cercava di rivivere, attraverso la relazione con Michele, un'esperienza dolorosa del suo passato, nella speranza che, questa volta, sarebbe riuscita a far sì che tutto andasse bene, ma questo non è avvenuto. Proprio per questo il rapporto tra Adriana e Michele è entrato in crisi ed è destinato a finire.

Il copione affettivo vendicativo.

Quando da bambini non ci si sente amati, sorge una grande rabbia repressa, che è vissuta dal Bambino interiore. In questi casi è possibile che il tuo programma affettivo inconscio si basi sulla ricerca di un partner simile al genitore che ti ha fatto soffrire, per sfogare, su di lui o lei, il tuo rancore.

Vediamo un esempio di questa dinamica con Lara, una donna di quarantadue anni, che sta vivendo una profonda crisi del suo secondo rapporto matrimoniale.

Lara è molto preoccupata, perché ognuno dei suoi rapporti più importanti, è finito male, con lei che non provava più amore per il

160

partner e lo tradiva. Ha tradito i due partner precedenti e il rapporto con loro è finito in malo modo.

Ora, che è sposata con Ferdinando, si è ripromessa di non ripetere più gli errori del passato. Purtroppo, da diversi mesi, non ha più rapporti sessuali con Ferdinando e, anche con lui, non prova nessuna attrazione. Si sente molto insoddisfatta del rapporto di coppia che sta vivendo e non fa altro che criticarlo.

La chiave per comprendere questo modello di comportamento di Lara si può trovare, ancora una volta, nell'analisi del suo copione affettivo inconscio, che si basa, in particolare, sul rapporto che lei ha avuto con suo padre da piccola.

I genitori di Lara si sono separati quando lei aveva sei anni. Il padre, che si è trasferito in un'altra città, scriveva o telefonava molto raramente. Molto rare erano, inoltre, le sue visite alla figlia. Durante la sua fanciullezza, Lara ha cercato di ottenere l'attenzione e l'affetto di suo padre. Per lui ha sempre espresso sentimenti di profondo amore, arrivando quasi all'adorazione.

Purtroppo, quest'amore e quest'adorazione di Lara, non sono stati contraccambiati dal padre, che si è costruita una nuova vita, abbandonando, quasi del tutto, il rapporto con la figlia.

Lara è rimasta profondamente ferita da questo comportamento del padre. La rabbia che provava inconsapevolmente, dentro di sé, ha cominciato a manifestarsi nella sua adolescenza e gioventù. Sin da allora, lei è diventata la classica "donna fatale", che spezza il cuore di molti uomini.

Quando Lara trovava qualcuno, che s'innamorava perdutamente di lei, prima si lasciava coinvolgere fino alla certezza di essere amata, poi lo tradiva o lo lasciava all'improvviso, facendolo soffrire senza alcun rimorso e senza alcuna ragione apparente.

Spinta dal suo copione affettivo inconscio, Lara "puniva" suo padre per averla abbandonata. Questa "punizione" avveniva abbandonando lei, come aveva fatto suo padre, tutti gli uomini della sua vita. È come se, attraverso questo suo comportamento, dicesse a questi uomini: Vedi come si patisce nell'essere respinto? Adesso sai che cosa ho passato io!

In conclusione si può dire che, se in te c'è del rancore profondo nei confronti di tuo padre o di tua madre, che in qualche modo ti hanno fatto soffrire molto, è possibile che sia ora chi ti sta accanto a pagarne il prezzo.

Il copione affettivo "missione di salvataggio".

C'è un modo specifico per portare a termine, inconsciamente, ciò che abbiamo lasciato incompiuto durante l'infanzia. Se uno dei tuoi genitori non era felice o amato, allora tu potresti:

1. Attirare un partner, che è simile a quel genitore, per cercare di salvarlo e renderlo felice.

2. Attirare un partner, che è simile a quel genitore, anche se non è la persona adatta a te, per amarlo, dimostrando così ai tuoi genitori che tu sei capace di amare, a differenza di quanto hanno fatto loro.

3. Attirare un partner, che ti coinvolge in una relazione simile a quella che esisteva tra i tuoi genitori, così da non essere più felice di loro.

"Il Segreto dell'Attrazione nella coppia"
Scopri il segreto dell'attrazione, dell'innamoramento e della scelta del partner.

Giovanni cerca di "salvare" Giulia.

Vediamo un esempio del primo tipo di **"missione di salvataggio"**.

Giovanni ha sposato una donna simile a sua madre, per salvarla e renderla felice. Lui è un artigiano molto attivo e simpatico, di quarantadue anni, che è sposato da ventidue con Giulia.

Il rapporto tra Giovanni e Giulia si trova nella fase della differenziazione ed è profondamente in crisi. Giovanni afferma di non provare più niente per sua moglie, ma non si sente di lasciarla, perché è molto legato a lei e non vuole fare del male ai suoi figli.

Egli afferma di conoscere sua moglie Giulia sin dall'università, e di considerarla la persona più cara mondo. Dice che è una madre meravigliosa per i loro due figli e una moglie devota.

Sin dall'inizio del loro rapporto, però, Giovanni non si è sentito soddisfatto con lei; non certo perché abbia fatto qualcosa di sbagliato, ma perché non lo attrae molto dal punto di vista fisico. A parte i figli, gli sembra di non avere molto in comune con sua moglie.

Analizzando la famiglia d'origine di Giovanni, si scopre che suo padre aveva abbandonato la moglie e i figli per formare un altro rapporto con l'amante. La madre di Giovanni non si era mai ripresa da questa separazione e l'ha vissuta in maniera traumatica. Sua madre, sentendosi ormai completamente inadeguata come donna, non si è più risposata, né ha avuto un altro compagno.

Giovanni, che aveva solo dieci anni ed era l'unico maschio della famiglia, ha cercato di sostituire, il più possibile, il padre all'interno della sua famiglia. Lui voleva dimostrare a sua madre che era degna di amore. Cercava di colmare il vuoto della sua vita con il proprio affetto, mostrandole, in questo modo, che il padre aveva sbagliato ad andarsene.

Sin da ragazzino, Giovanni si era proposto di non fare come il padre, vale a dire non lasciare mai la donna cui si sarebbe legato. Quando conobbe Giulia all'università, lei era molto insicura, vulnerabile e timorosa nei confronti degli uomini, proprio come sua madre. Per questo motivo, lui ha provato un'immediata attrazione per Giulia e ha sentito, fin dall'inizio, un forte senso di responsabilità nei suoi confronti.

Il suo desiderio era principalmente di proteggerla e di farla sentire amata. Questi sentimenti aumentarono in lui fino a chiederle di sposarlo, quando erano ancora molto giovani.

Dopo anni passati a cercare di far felice Giulia, lui si è reso conto di non essere altrettanto soddisfatto della relazione con lei. Il suo copione affettivo inconscio, però, non gli ha permesso nemmeno di prendere in considerazione l'idea di cercare un altro rapporto, anche se si sentiva insoddisfatto e non provava molta attrazione fisica per lei. Perciò Giovanni è rimasto con lei, sentendosi tuttavia sempre più intrappolato e insoddisfatto del rapporto.

A causa del suo programma affettivo inconscio, l'idea di lasciare Giulia era inconcepibile per Giovanni, perché lo avrebbe reso uguale a suo padre. In sintesi, il sentimento che lega Giovanni a Giulia non è vero amore ma rancore contro il padre e desiderio di proteggere la madre.

L'opera rimasta incompiuta durante l'infanzia lo tiene in ostaggio nei confronti del rapporto con Giulia. Il rapporto di coppia tra Giulia e Giovanni in realtà non esiste, essendo lui ancora legato emotivamente a sua madre.

La "missione" di salvataggio di Mario.

Una missione di salvataggio del secondo tipo è quella vissuta da Mario, che abbiamo visto nei capitoli precedenti.

Esiste un altro modo per portare a termine, inconsciamente, ciò che è stato lasciato a metà durante l'infanzia: se uno dei propri genitori non era felice o amato, allora tu potresti attirare un partner simile a quel genitore per cercare di salvarlo e renderlo felice. Questo è proprio quello che cerca di realizzare Mario con le sue partner.

Come abbiamo visto, il copione affettivo inconscio di Mario gli ha fatto attrarre relazioni con partner molto problematiche, dipendenti nei suoi confronti, infantili, portate a drammatizzare e con un atteggiamento vittimista.

Considerando ora la famiglia d'origine di Mario, si riscontrano questi aspetti che non gli piacevano e l'hanno fatto soffrire. Nella famiglia di Mario c'era:

- La tendenza a drammatizzare.
- La mancanza di stabilità.
- Il sentirsi responsabile di tutto.
- La dipendenza dall'alcol.
- Le crisi continue.
- Il non poter giocare come gli altri bambini.

La madre di Mario era un'alcolizzata, di solito incapace di un comportamento responsabile. Quando non era in stato d'incoscienza, il suo umore variava terribilmente.

Il padre di Mario era un uomo mite e passivo, che rifiutava di vedere il problema dell'alcolismo di sua moglie.

Come figlio maggiore, Mario aveva finito per caricarsi di gran parte delle responsabilità domestiche, pulendo la casa, cucinando i pasti e badando ai fratelli più piccoli. In questo modo, Mario non aveva, quindi, conosciuto una vera infanzia.

Come puoi immaginare, il dramma principale di Mario è stato quello di non riuscire a salvare sua madre dalla dipendenza dall'alcol. Sin da piccolo aveva la sensazione di essere la sua unica speranza, ma non è riuscito a farla smettere di bere.

Data questa sua situazione familiare, non stupisce che Mario attiri a sé donne emotivamente instabili, che tendono a drammatizzare e sono immature dal punto di vista affettivo. Il rapporto con questo tipo di donne è, per Mario, qualcosa di familiare, vale a dire ben conosciuto.

Scoprendo il suo programma affettivo inconscio, Mario capisce perché sinora ha attratto questo tipo di donne nella sua vita. Lui ha una "debole" per le donne bisognose di essere salvate da se stesse.

Il copione affettivo fraterno.

Qualsiasi membro della tua famiglia, che ha esercitato un'influenza su di te mentre stavi crescendo, può essere la fonte di un copione affettivo inconscio. Molto importanti sono, a questo proposito, i fratelli e le sorelle.

Sei hai un fratello o una sorella, sai che in una famiglia i bambini si affannano per ottenere l'attenzione dei genitori. Quando non si è unici a cercare l'amore dei genitori, si possono provare sentimenti ambivalenti nei confronti dei rivali, fratelli o sorelle che

166

siano.

A volte quest'ambivalenza è così forte da creare delle influenze molto rilevanti nella formazione del copione affettivo inconscio. Ad esempio, se sei una donna, puoi aver combattuto così ferocemente con un tuo fratello maggiore, che oggi cerchi degli uomini con i quali competere.

Cerchi un uomo che opera nel tuo stesso campo professionale o che ha il tuo stesso livello di reddito, con il quale, una volta conquistato, puoi essere sicura di "essere meglio di lui".

Simili rivalità fraterne possono emergere sotto diversi aspetti. Se sei, ad esempio, una bambina cresciuta ascoltando la mamma e il papà lodare un fratello più grande, più tardi, nel corso della vita, potresti provare un bisogno tremendo di raggiungere e persino superare il tuo partner, che inconsciamente vivi come una sorta di fratello maggiore da superare.

Il copione affettivo della famiglia perfetta.

Un altro copione affettivo inconscio, che condiziona molte persone, in particolare le donne, è quello della "famiglia perfetta". Questo copione mentale è molto difficile da identificare, per l'attaccamento feroce che molte persone mostrano nei suoi confronti.

Nella fantasia della "famiglia perfetta", non c'è nessuno che litiga e che ha conflitti. Ognuno esprime amore in modo splendido e sorprendente per tutto il giorno: la mamma cucina il dolce proprio quando lo desideri tu, tuo padre ti tratta in modo stupendo, tuo fratello si prende benevolmente gioco di te, ma ti vuole molto bene e "tutti sono felici e contenti".

In sostanza, è una famiglia da favola. Tutti si amano e si è costantemente immersi in un clima emotivo di affetto e amore incondizionato. Purtroppo, questa è pura e semplice fantasia e, quindi, qualcosa d'irraggiungibile.

Oggi questa fantasia sembra essere molto diffusa, perché è l'immagine prevalente della pubblicità di molti prodotti. Pensa alla famiglia tipo "Mulino Bianco"!

Qualcuno è talmente legato all'idea della famiglia perfetta, da non riuscire neanche a rendersi conto che la sua infanzia non è stata poi così perfetta. Queste persone rimangono deluse della propria famiglia reale, proprio perché la perfezione è irraggiungibile.

La fantasia della famiglia perfetta è deleteria. Il fatto di vedere la tua famiglia d'origine come perfetta o di voler ricreare una famiglia perfetta oggi, dipende comunemente dal tuo rifiuto di riconoscere la verità: e cioè che le persone non sono perfette.

Tutte le persone hanno dei difetti, a volte litigano, altre sono di cattivo umore. Certe giornate sono grigie, altre volte invece c'è il sole. L'amore, le relazioni e le persone non funzionano sempre secondo un piano prestabilito, ma la vita, l'amore, le persone, possono essere splendidamente gratificanti, nella misura in cui le accettiamo per ciò che sono e non per ciò che desideriamo che siano.

Una storia che ci mostra la forza dei copioni inconsci.

Questa storia è raccontata da Anthony De Mello in un suo libro e ci mostra la forza dei copioni inconsci:

Un giorno un contadino, attraversando la foresta, trovò un aquilotto, lo portò a casa e lo mise nel pollaio.

L'aquilotto imparò presto a beccare il mangime delle galline e a comportarsi come loro. Un giorno passò di là un naturalista e chiese al proprietario perché costringesse l'Aquila, regina di tutti gli uccelli, a vivere in un pollaio.

Io le do da mangiare, le ho insegnato a essere una gallina e l'Aquila non ha mai imparato a volare, si comporta come una gallina, dunque non è più un'aquila, rispose il contadino. Il naturalista allora disse: Essa si comporta esattamente come una gallina, quindi non è più un'Aquila, tuttavia possiede il cuore di un'Aquila e può sicuramente imparare a volare.

Dopo aver discusso della questione i due uomini si accordarono per verificare se ciò fosse vero.

Il naturalista prese con delicatezza l'Aquila fra le braccia e le disse: Tu appartieni al cielo e non alla terra, spiega le tue ali e vola.

L'Aquila tuttavia era disorientata, non sapeva chi era e quando vide che le galline beccavano il grano saltò giù per essere una di loro.

Il giorno seguente il naturalista portò l'Aquila sul tetto della casa e la sollecitò di nuovo: Tu sei un'Aquila, apri le tue ali e vola. Ma l'Aquila ebbe paura del suo sé sconosciuto e del mondo e saltò giù nuovamente tra il mangime.

Il terzo giorno il naturalista si alzò presto, prese l'Aquila dal pollaio e la portò su un alto monte. Lassù tenne la regina degli uccelli in alto nell'aria e la incoraggiò di nuovo, dicendole: Tu sei un'Aquila, tu appartieni tanto all'aria quanto alla terra. Stendi ora le tue ali e vola. L'Aquila si guardò attorno, osservò di nuovo il pollaio, poi il cielo e continuava a non volare.

Il naturalista la tenne direttamente contro il sole e allora accadde che essa incominciasse a tremare e lentamente distese le sue ali.

Finalmente si lanciò con un grido trionfante verso il cielo.

Può darsi che l'Aquila ricordi ancora le galline con nostalgia, può persino accadere che visiti di quando in quando il pollaio. Tuttavia per quanto si sappia non è mai ritornata e non ha più ripreso a vivere come una gallina. Era un'Aquila sebbene trattata e addomesticata come una gallina!

Così come l'aquilotto, ogni persona che abbia imparato a considerarsi come in realtà non è, può scoprire la sua vera essenza, uscire dallo schema fisso in cui vive e riscrivere un nuovo copione.

Come uscire dalla coazione a ripetere.

Michele si è appena separato dalla sua ragazza. È un'esperienza dolorosa che ha già vissuto diverse volte e non ha idea di come mai nella sua vita si ripetano situazioni molto simili.

Facendo l'esercizio sui condizionamenti del suo passato si è accorto di dipendere dalle donne e di comportarsi come una sorta di "mendicante" con le sue partner. Ha compreso che la donna che sta con lui, alla fine, si stufa di sostenere il ruolo di sua madre.

"Il Segreto dell'Attrazione nella coppia"
Scopri il segreto dell'attrazione, dell'innamoramento e della scelta del partner.

A un certo punto del rapporto, lui si comporta come un bambino e la sua partner come una madre prima protettiva e poi giudicante. Michele si è reso conto del copione affettivo che svolge nei suoi rapporti di coppia e sente che la questione è connessa con il dolore dell'abbandono che ha vissuto, da bambino, con sua madre. Purtroppo, questa consapevolezza non cambia le cose.

Esplorando più in profondità la sua situazione, divenne chiaro che tutte le volte che egli si avvicinava a una donna era fortemente identificato con un ruolo infantile. Era certamente ben consapevole del suo copione affettivo ma, a causa dell'identificazione con il suo Bambino interiore, questo suo modello di comportamento continuava a ripetersi.

Quando si relazionava a una donna entrava nello stato mentale del bambino e si vedeva come un bimbo incapace, disperatamente bisognoso della madre. Pur essendone consapevole non ne veniva fuori Questo perché non aveva veramente deciso di crescere, non riusciva ancora a guardare in faccia la paura della solitudine e a uscire dall'identificazione con il Bambino interiore ferito.

Come abbiamo visto, l'identificazione col Bambino interno determina i nostri modelli ripetitivi di comportamento e il primo passo per uscirne è certamente riconoscerla. È come se fossimo un personaggio di una commedia che segue il copione che ha ricevuto: finché non saremo consapevoli di questo copione (l'identificazione con il Bambino interiore) la commedia rimarrà sempre la stessa.

Il trauma subito da Michele gli dà, paradossalmente, un'identità in cui lui si percepisce come inadatto e incapace.

Il Bambino interiore di Michele, come tutti i bambini, crede di meritare ciò che gli succede. Un bambino, quando è maltrattato o umiliato crede che ciò gli succeda perché è cattivo e quest'identità crea l'aspettativa che il maltrattamento si ripeterà. Quando lo vive in una relazione di coppia è qualcosa che si aspetta e gli è famigliare.

Possiamo vedere come queste convinzioni e aspettative determinino i nostri modelli ripetitivi di comportamento. Quando succede, crediamo che nessuno sia presente per noi, che non otterremo mai l'amore di cui abbiamo bisogno, che non ci possiamo fidare di nessuno e che non siamo degni d'essere amati.

Ci aspettiamo di essere nuovamente rifiutati, sicuri che questo accadrà perché, a livello inconscio, questa è la realtà che conosciamo. La nostra idea dell'amore si basa su modelli che appartengono alla nostra fanciullezza, su quello che abbiamo visto accadere tra i nostri genitori e su come noi stessi siamo stati trattati.

Nel corso della vita, quest'idea dell'amore condiziona anche le nostre attrazioni e i nostri rapporti di coppia. Se la nostra fanciullezza ha incluso l'abuso è da questo che saremo attratti. Se la nostra fanciullezza è stata un periodo di privazioni è da queste che saremo attratti.

A causa dei nostri traumi, abbiamo adottato e sviluppato dei comportamenti che rendono difficile agli altri avvicinarsi adeguatamente a noi. Ci siamo costruiti una sorta di muro intorno a noi, e ciascuno lo ha fatto a modo suo. Ora, per gli altri, è difficile penetrare in questo muro e per noi è difficile abbatterlo.

"Il Segreto dell'Attrazione nella coppia"
Scopri il segreto dell'attrazione, dell'innamoramento e della scelta del partner.

Quando siamo identificati intensamente con il nostro Bambino interno abbandonato, e pieno di vergogna, entriamo automaticamente in rapporti dove queste emozioni predominano. Questo perché per il nostro Bambino interiore tutto ciò è famigliare.

Ti domanderai: come si può uscire, allora, da questa coazione a ripetere? Come posso smettere di riproporre continuamente gli stessi modelli dolorosi? La mia risposta è di seguire questi tre passi:

1. **È necessario, prima di tutto, riconoscere l'identificazione con il tuo Bambino interiore vulnerabile.**

2. **Bisogna, poi, sentire il dolore e la paura che accompagna la tua identificazione con il Bambino interiore.**

3. **Devi, quindi, correre quei rischi che possono portarti fuori da questa identificazione con il tuo Bambino interiore.**

Il primo passo per dissolvere la coazione a ripetere è di riconoscere che hai un certo copione affettivo inconscio e connetterlo alla ferita del tuo Bambino interiore, risalendo alle tue esperienze infantili che hanno messo in moto questo processo. Questo primo passo comprende anche il diventare consapevole delle convinzioni, delle aspettative, nonché dell'immagine negativa che nascondono.

Ad esempio, immagina che il tuo copione affettivo sia di sentirti invaso emotivamente nelle tue relazioni amorose. Puoi vedere la tua aspettativa che questo accadrà sempre, forse anche la convinzione che essere invaso sia semplicemente qualcosa di inerente allo stare con qualcuno e che, quando questo accade, il tuo comportamento è quello di ritirarti e diventare compulsivamente indulgente.

Dopo essere andato più in profondità sulla questione ed esserti accorto che, pensando a te stesso, ti vedi qualcuno che si merita di essere invaso, risali alla tua infanzia, diventando consapevole che ti hanno trattato in un modo molto simile a come ti senti oggi.

Il secondo passo è quello più difficile, perché si tratta d'immergersi nel dolore del tuo Bambino interiore. Si tratta di calarsi nell'esperienza e sentirla totalmente, senza cercare di cambiarla o aspettarsi che scompaia.

Naturalmente, abbiamo tutti fretta di uscire da questo dolore, ma volerlo cambiare è solo una forma di distrazione. Il punto è, invece, essere con il tuo Bambino interiore, sentendo il dolore e la paura che vive. Certo, mi rendo conto che è un passo difficile da compiere da soli. Alcune volte, però, si può fare con l'aiuto di una forma di rilassamento o meditazione che ci mette in contatto con il nostro Bambino interiore.

Puoi fare questa esperienza con il file audio "Rilassamento e contatto con il Bambino interiore". Quando ho fatto personalmente questa esperienza ho sentito un profondo contatto ed empatia con il mio Bambino interiore. Ho sentito il suo dolore e la sensazione di abbandono e solitudine che provava per il mio abbandono. Anch'io, come tante persone, l'avevo rinnegato e cacciato nel mio inconscio senza più considerarlo.

In questo modo le persone possono entrare in contatto con il loro Bambino interiore sentendosi protette e sostenute.

174

A un certo punto di questa pratica di contatto con il nostro Bambino interiore, abbiamo abbastanza consapevolezza delle sue emozioni prevalenti, delle sue convinzioni e aspettative.

Siccome questo contatto è avvenuto dal lato del nostro Sé consapevole, siamo in grado di gestire adeguatamente il rapporto con il nostro Bambino interiore e, allora, possiamo correre il rischio di uscire dai nostri comportamenti automatici e abituali.

Ad esempio, Silvia che stava con un uomo che la controllava continuamente, credeva che se avesse affermato se stessa e posto dei limiti al suo partner sarebbe successo qualcosa di terribile. Quando, però, è entrata in contatto con la sua Bambina interiore, attraverso il suo Sé consapevole, ha compreso le sue ferite e le sue esigenze. Quindi, ha corso il rischio di affrontare diversamente la situazione con il suo partner e si è accorta che ciò che temeva non succedeva in realtà. Ora, quando il suo partner si arrabbia con lei, riesce a fronteggiare adeguatamente la situazione.

Piero credeva che, avvicinandosi troppo a qualcuno, ne sarebbe stato sopraffatto, ma correndo il rischio di farlo lo stesso ha scoperto la possibilità di restare con se stesso. È impossibile stabilire o predire quando avremo abbastanza chiarezza da smettere una vecchia abitudine, quello che possiamo dire è che questo sembra il risultato dell'essere andati abbastanza in profondità nelle due fasi precedenti.

Rischiare di fare qualcosa di nuovo e di diverso significa cominciare a rendersi conto che non siamo ciò che abbiamo sempre creduto di essere, ma siamo qualcosa di più.

7. Il Segreto della Fine dell'attrazione

Sono tre le cause principali della fine dell'attrazione e dell'amore in un rapporto:

1. La persona che abbiamo attratto, di cui ci siamo innamorati e abbiamo scelto diventa, col passare del tempo, quella che giudichiamo negativamente, rifiutiamo e odiamo, perché è una rappresentazione diretta dei nostri sé rinnegati.

2. Nel rapporto si sviluppa una dinamica di vincolo che porta i partner a trattarsi reciprocamente come un Genitore considera un Figlio o una Figlia.

3. La nascita di un figlio, con le dinamiche conseguenti.

Dov'è finita l'attrazione iniziale?

Come leggerai in queste pagine, ci sono delle ragioni ben precise che determinano la fine dell'attrazione e dell'amore nella coppia.

In questo capitolo ti svelerò il segreto del perché molti partner, che all'inizio del loro rapporto provavano una forte attrazione e innamoramento, a un certo punto non la provano più e arrivano, addirittura, a non sopportarsi e odiarsi.

176

Ecco la domanda che molti partner si fanno: Dov'è finita la nostra attrazione iniziale? Dov'è finito l'amore? Che cosa è accaduto alla nostra relazione, che improvvisamente ha fatto finire l'intimità e la comprensione? Prima ci amavamo, l'altra persona era tenera e amorevole, il mondo ci sembrava in armonia. Poi, tutto è diventato caos e dissonanza.

Improvvisamente, lui ha cominciato a comportarsi come un bambino, un po' matto, che non imparerà mai ad avere un atteggiamento adulto e responsabile; oppure come un padre critico ed esigente, che pensa di sapere esattamente che cosa fare e lo impone agli altri.

Improvvisamente, lei ha iniziato a comportarsi come una bambina pretenziosa, che esige sempre di più e non è mai contenta di ciò che ha; oppure come una madre disapprovante, che giudica impietosamente il comportamento del partner e che esige che tutte le cose siano fatte nel modo giusto per lei.

Il clima dominante della vita di coppia cambia da un ottimismo pieno di grazia, alla delusione, alla disperazione e alla sfiducia verso il partner e la relazione. Mentre la tua mente si riempie di pensieri catastrofici, sorgono in te anche emozioni negative che segnalano il tuo allontanamento dalla realizzazione di ciò che desideri.

Ecco che la tua mente suona il tamburo di pensieri del tipo: Ecco, le relazioni non possono funzionare; vanno tutte a finire male; non ci si può fidare di nessuno; gli uomini sono tutti uguali; le donne sono tutte le stesse... Questo tipo di pensieri genera emozioni fortemente negative di rabbia, delusione, sfiducia, tristezza, paura, ecc.

Naturalmente, il tuo stato vibrazionale diventa sempre più negativo, di fronte a questi pensieri e a queste emozioni. Come puoi immaginare, la Legge dell'Attrazione ti offre ancor di più di ciò che stai sentendo in questo momento. E il tuo rapporto, quindi, va di male in peggio.

Ormai hai capito che ci deve essere una causa, una ragione per tutto quello che sta succedendo, quando vivi queste situazioni ed emozioni negative. E mentre stai pensando quale possa essere la causa di tutto ciò, vuoi davvero scoprire perché l'attrazione nella coppia finisce.

Non sarebbe sorprendente scoprire che non ha nulla a che fare con la sessualità, come normalmente si pensa? Molti credono che la fine dell'attrazione derivi solo dal fatto che non ci si attrae più fisicamente e sessualmente. Non nego che ci sia anche questo problema, ma esso è il sintomo non la causa della crisi della relazione.

Perché giudichiamo negativamente l'altra persona?

I sentimenti negativi che sono presenti nella coppia sono il segnale che è attiva la quinta legge psichica, che ci spiega perché ci disamoriamo dell'altra persona, la rifiutiamo e la giudichiamo negativamente.

Questa legge psichica afferma che:

"Le persone che giudichiamo negativamente,

rifiutiamo e odiamo sono rappresentazioni dirette dei nostri sé rinnegati".

È un fatto che si può rilevare in molte coppie: le qualità che hanno determinato inizialmente l'attrazione reciproca, sono le stesse individuate come fonti di conflitto col proseguire del rapporto.

Le qualità che ci attraggono all'inizio della relazione sono riformulate, col passare del tempo, e diventano gli aspetti negativi e problematici della personalità di lui o lei.

Ad esempio, la persona con un sé primario basato sull'estroversione è dapprima attratta da qualcuno molto introverso, ma poi giudicherà, molto negativamente, il suo atteggiamento troppo chiuso e riservato.

La persona con un sé primario basato sulla razionalità è dapprima attratta da qualcuno che è molto emotivo e irrazionale, ma, in seguito, giudica molto negativamente questa stessa caratteristica e tende a rifiutarla e odiarla.

Come abbiamo visto nel primo capitolo, Roberto era stato attratto, all'inizio del rapporto, dal calore, dalla sensibilità e dall'amorevolezza di Nadia, ma poi ridefinisce queste stesse caratteristiche considerandola come una donna troppo impulsiva, isterica, intrusiva e irrazionale.

Nadia che, all'inizio, valutava positivamente l'affidabilità di Roberto e il senso di sicurezza che le ispirava, ora condanna queste stesse caratteristiche giudicandolo come un uomo noioso, limitato e piatto.

Questo fenomeno, che sembra paradossale e contraddittorio, è determinato proprio dalla quinta legge psichica.

In base a questa legge, infatti, prima ci sentiamo attratti da una persona perché incarna i nostri sé rinnegati, poi ci sentiamo respinti da lei (e possiamo arrivare anche a odiarla) perché ha queste stesse caratteristiche.

Fortunatamente, tutto questo non ha solo un aspetto negativo. Come in tutte le cose, c'è anche un aspetto positivo di questa dinamica ed è il fatto che l'altra persona c'indica la strada dove possiamo migliorare e crescere. In sintesi l'altra persona può essere la nostra maestra di vita.

Il gioco delle parti nella relazione.

Leggendo ogni parola di questo paragrafo proverai un certo stupore nello scoprire qual è la causa principale della fine dell'attrazione nella coppia. Sì, perché, in fondo, è una cosa semplice e basilare, ma che molti non vedono, proprio perché è sotto gli occhi di tutti. Essa ha a che fare con la dinamica fondamentale di qualsiasi relazione: con il partner, con i figli, con i genitori, con gli amici, con i colleghi, ecc.

Naturalmente, qui si considera soprattutto la relazione di coppia, ma devi sapere che questa causa vale per tutte le relazioni. Essa riguarda il gioco delle parti che si crea nella relazione di coppia. Ma permettimi di darti alcune indicazioni sulle parti che sono in gioco, che sono essenzialmente due: quella di Genitore e quella di Bambino.

Si tratta di una dinamica che si crea tra gli aspetti di Genitore e

"Il Segreto dell'Attrazione nella coppia"

Scopri il segreto dell'attrazione, dell'innamoramento e della scelta del partner.

quelli di Bambino, presenti in tutti noi. Questa dinamica è definita di vincolo perché queste diverse parti, di ciascun partner, si legano tra loro in modo molto stretto.

Ecco una definizione, molto semplice di questa dinamica di vincolo:

In qualunque relazione, l'aspetto Madre della donna si lega con la parte Figlio del partner. L'aspetto Padre dell'uomo si lega con la parte Figlia della partner.

Come hai già capito, si tratta di un processo normale e naturale che è alla base della creazione del legame genitori – figli sin dalla nascita. Il problema è che questa dinamica si riproduce, in maniera inconsapevole, anche all'interno di un rapporto di coppia che è fatto di due persone adulte; allora i partner si trattano come se fossero genitori e figli, anche se non lo sono.

Come puoi ben capire, in questa dinamica la parte adulta dei partner è quasi del tutto accantonata o messa da parte. A livello superficiale abbiamo a che fare con una persona adulta, ma a livello più profondo questi partner sono legati tra loro e si trattano reciprocamente come un Genitore considera un Bambino/a.

Ormai puoi capire che la caratteristica principale di questa dinamica di vincolo è di essere prevalentemente automatica e inconscia. E comprendi bene che è proprio questo che la rende problematica e distruttiva nei rapporti di coppia. Sì, perché se fosse consapevole e si "giocasse" a trattarsi come un genitore considera un figlio o una figlia, non ci sarebbero grandi problemi e sarebbe anche divertente. Ma che cosa succede quando questa dinamica di vincolo è realizzata in maniera inconsapevole? Capisci che essere trattati dal partner come un genitore considera un bambino, non è per niente divertente?

Non fa per niente piacere, quando emerge il Padre critico del tuo partner e tu ti senti come una Bambina maldestra, che sbaglia tutto. Non è piacevole, quando emerge la Madre giudicante della tua partner e tu ti senti come un Bambino goffo che non ne fa una giusta.

Riesci a ricordarti quando l'altra persona ti ha trattato come un Genitore considera un figlio/a? Ti ha fatto piacere essere considerato in questo modo? Non ti ha procurato una sensazione di fastidio e una voglia matta di reagire?

Riesci a ricordare, quando hai trattato l'altra persona come un genitore considera un figlio/a? Era contenta di questo tuo trattamento? Oppure ha reagito infastidita? Ora, ti rendi conto, chiaramente, di come questa dinamica di vincolo, espressa inconsapevolmente, può rovinare qualsiasi rapporto di coppia?

Continuando a leggere queste righe, comprendi che è proprio la Dinamica di vincolo la causa principale della fine dell'attrazione in un rapporto di coppia. Sì, perché nessuno ama essere trattato come un bambino e non è neanche piacevole trattare l'altra persona, che è adulta, come se fosse tuo figlio o tua figlia. Eppure lo facciamo, in maniera inconsapevole e automatica, con conseguenze disastrose per il nostro rapporto di coppia.

La fine dell'attrazione e la dinamica di vincolo.

Come hai già capito, l'attrazione tra i due partner finisce, quando tra loro si crea una dinamica di vincolo. Quest'ultima è uno schema di rapporto vincolante in cui i due partner s'irrigidiscono all'interno di due ruoli fissi: quello del Bambino e quello del Genitore.

La dinamica di vincolo è uno schema relazionale, che si autoalimenta e perpetua, nel quale i due partner si rapportano, in maniera rigida, nei ruoli di Genitore e Bambino.

Ciascun partner proietta sull'altro uno di questi due ruoli. Nel ruolo di Bambino si vede l'altra persona come un genitore, che spesso è simile, in maniera significativa, ai propri genitori reali. Nel ruolo di Genitore si assumono le caratteristiche di uno o di entrambi i genitori e si tratta l'altra persona come si è stati trattati da piccoli.

La maggior parte delle relazioni a lungo termine entra in uno schema di vincolo che, all'inizio è positivo, ma poi si trasforma in negativo. All'interno di una dinamica di vincolo ciascun partner si alterna in quattro ruoli diversi: due di Genitore e due di Bambino.

Non c'è niente d'intrinsecamente sbagliato e nevrotico in questi ruoli; infatti, essi esprimono degli aspetti molto autentici di noi. Quando, però, questi ruoli sono giocati in maniera inconsapevole, essi possono degenerare, come facilmente accade, in sistemi per controllarsi a vicenda e abusare l'uno dell'altro.

I due ruoli di Genitore.

Quando entriamo nel ruolo del **"Genitore che nutre e controlla"** siamo amorevoli e premurosi, ma lo usiamo anche per esercitare potere sulla persona di cui ci prendiamo cura. In nome dell'amore rendiamo l'altra persona dipendente da noi e questa situazione ci gratifica. Probabilmente sai già che la linea che divide la cura dal controllo è molto sottile.

L'altra persona, che è soggetta all'energia di questo ruolo di Genitore che nutre, accumula risentimento e rabbia, perché, alla fine, sente il controllo sottostante. Questa persona ha la sensazione d'essere privata del proprio potere e resa infantile; e tu comprendi che è proprio così.

Riesci a immaginare, inoltre, la tensione di chi vive il ruolo del Genitore che nutre e controlla? Alla fine, si stanca di ricoprire questo ruolo, perché anche lui o lei ha un Bambino interiore con i suoi bisogni specifici.

Questi bisogni non sono soddisfatti, perché questa persona rimane solo nel ruolo del "Genitore che dà". Allora succede che questo partner si sposta nel ruolo del "Genitore che respinge".

A questo punto ne ha abbastanza, non ne può più. Si sente una persona prosciugata della sua energia. Si sente, quindi, una persona molto indignata per la mancanza di riconoscenza di tutto ciò che fa. Sì, perché gli altri danno per scontato tutto ciò che fa!

Allora cambia lo scenario e il ruolo che svolge.

Quando un partner entra nel ruolo del "**Genitore che pone limiti e rifiuta**", allora tutte le pretese dell'altra persona sono respinte. Ogni persona ha bisogno di un limite alle sue richieste. In particolare, ha bisogno di limiti il nostro Bambino interiore che pretende e quello presente nell'altra persona.

Da bambini desideravamo avere dei limiti, ma spesso i nostri

184

genitori non erano abbastanza centrati nel loro ruolo per fornirceli. Come nel caso del genitore che nutre, anche quello che pone dei limiti ha degli aspetti positivi e negativi. Questi ultimi sono visibili, quando i limiti sono imposti con rabbia e intimidazione, senza rispetto per l'altra persona.

Il lato positivo si ha quando si entra consapevolmente nel ruolo di genitore che pone limiti, senza sentirsi in colpa, in maniera centrata e tranquilla, piuttosto che con la durezza o con l'abuso.

I due ruoli di bambino.

Il primo ruolo in cui si può entrare e il "**Bambino ubbidiente e bisognoso**". Poiché siamo così disperatamente in cerca d'amore e approvazione, possiamo facilmente regredire nella condizione di un bambino spaventato e "appiccicoso", che è ubbidiente per non perdere l'amore del Genitore.

Quando entriamo in questo ruolo nel rapporto di coppia, facciamo di tutto per mantenere l'armonia per impedire all'altra persona di essere arrabbiata con noi e di respingerci. È umiliante, ma lo facciamo perché la priorità assoluta del nostro Bambino interiore è ricevere amore.

Quando, però, recuperiamo la nostra forza, allora entriamo nel ruolo del "**Bambino ribelle e reattivo**". Non ci piace fare sempre il Bambino ubbidiente e bisognoso, che compromette la sua dignità e il rispetto di sé per ottenere l'amore dell'altra persona.

Quando entriamo nel Bambino ribelle diventiamo reattivi e pretenziosi. Allora pretendiamo che l'altra persona ci dia quello che desideriamo. Esigiamo, a tutti i costi, la soddisfazione dei nostri bisogni da parte dell'altra persona.

La dinamica di vincolo e la danza dei quattro ruoli.

La dinamica di vincolo è come una danza in cui i partner giocano principalmente questi quattro ruoli. Essi vanno continuamente, avanti e indietro, tra questi quattro ruoli:

1. **Il Genitore che nutre controlla.**
2. **Il Bambino ubbidiente e bisognoso.**
3. **Il Genitore che pone limiti e respinge.**
4. **Il Bambino ribelle e reattivo.**

Nel rapporto di coppia facciamo, spesso, questa danza dei quattro ruoli senza la minima consapevolezza di ciò che sta succedendo. Questo diventa il nostro "normale" modo nevrotico di relazionarci.

In ogni relazione intima c'è spazio per ricoprire tutti e quattro i ruoli, senza creare conflitti disastrosi. Questo è il modo in cui ci possiamo aiutare, l'uno con l'altra, a guarire le nostre ferite. Ma dobbiamo diventare consapevoli di questa danza dei quattro ruoli, altrimenti essa distrugge la nostra relazione.

Quando diventiamo consapevoli di questa danza dei quattro ruoli la nostra parte di genitori diventa naturalmente in grado di dare nutrimento e di porre dei limiti, in maniera gentile e centrata.

La nostra parte di bambino ha la possibilità di manifestare la sua vulnerabilità, il suo spirito ribelle e giocoso, in maniera ugualmente centrata e tranquilla, con dei modi che ci avvicinano

186

all'altra persona.

La dinamica di vincolo positiva.

La dinamica di vincolo positiva s'instaura, in genere, all'inizio di un rapporto, nella fase dell'innamoramento.

In questo caso, il rapporto è principalmente tra la nostra parte di "**Genitore che nutre**" e quella del "**Bambino ubbidiente**".

Questa dinamica è "positiva", perché produce benessere nelle persone coinvolte e procura loro sensazioni di calore, sicurezza e piacevole prevedibilità. In questa situazione i rispettivi "Bambini interiori" dei due partner provano sensazioni di affetto e amore tra le braccia del "Genitore che nutre" dell'altro.

La dinamica di vincolo positiva tende a mantenersi nel tempo. È come se entrambi partner dicessero all'altro: tu fai da "Genitore" al mio "Bambino interiore". Desidero che tu ti prenda cura di lui ed io, in cambio, mi prendo cura del tuo Bambino interiore e gli faccio da Genitore.

Purtroppo, nella dinamica di vincolo positiva ci sono queste caratteristiche principali:

- Non c'è consapevolezza di questa interazione Bambino - Genitore, Genitore - Bambino.
- Ciascuno dei partner non si prende cura del proprio Bambino interno.
- Non è chiara la dinamica dell'intera relazione, si vedono solo questi aspetti e si negano gli altri.

In questa dinamica relazionale i due partner fanno di tutto per non ferirsi; ciascuno di loro sa quali pensieri ha l'altra persona e ciò che l'altro si aspetta. In questa dinamica di vincolo positiva il Bambino interiore di ciascun partner si sente al sicuro e protetto.

Le dinamiche di vincolo si costruiscono sulle regole di ciascuno dei due partner. In genere, quanto più importante è la relazione, tanto più limitanti sono le regole.

Come puoi ben capire, per le generazioni del passato, la dinamica di vincolo positiva rappresentava, in molti casi, l'unico modo di rapportarsi tra moglie e marito. Molti di noi hanno conosciuto nonni, genitori, parenti, che hanno vissuto, per tutta la vita, all'interno di una dinamica di vincolo positiva. Ecco perché:

La dinamica di vincolo positiva era il tipo di rapporto di coppia ideale del passato, dove il marito assumeva il ruolo dominante di "padre protettivo" nei confronti della moglie casalinga, che si sottometteva nel ruolo di "figlia benevola e riconoscente", per la protezione e la sicurezza di cui beneficiava.

Queste coppie, però, vivevano in un mondo molto differente dal nostro. Era un mondo più prevedibile e statico, dove le disparità di potere erano maggiori ed erano accettate. Era un mondo che non esigeva la flessibilità e la disponibilità al cambiamento della vita contemporanea.

"Il Segreto dell'Attrazione nella coppia"

Scopri il segreto dell'attrazione, dell'innamoramento e della scelta del partner.

Per la maggior parte delle coppie di allora, un rapporto alla pari non era possibile. Quasi tutte le relazioni di coppia erano basate sul **modello patriarcale gerarchico**.

La situazione attuale è completamente differente. La sfida che si trova di fronte la coppia contemporanea è di conservare l'amorevole dedizione per il partner di un tempo e promuovere la crescita personale e la cura della relazione.

Il modello di rapporto gerarchico e patriarcale, che è frutto della tradizione passata, non funziona più per un numero sempre maggiore di coppie. Oggi, la stragrande maggioranza delle persone aspira a un rapporto di coppia più paritario, profondo e soddisfacente, ma per raggiungere quest'obiettivo dobbiamo fare i conti con l'educazione che abbiamo ricevuto. Dobbiamo scoprire come i principi del modello patriarcale, e i relativi schemi di comportamento, vivono ancora dentro di noi e condizionano la nostra relazione di coppia.

Molti pensano che la "Dinamica di vincolo positiva" sia il modello di rapporto ideale per una relazione di coppia anche oggi, perché sembra eliminare ogni forma di tensione e di conflitto, creando una fusione tra i partner. In realtà, questa dinamica è molto negativa perché il rapporto rimane incompleto, non paritario, basato sulla dipendenza reciproca o co-dipendenza.

In questa dinamica i partner possono esprimersi, sempre meno, con la loro parte adulta e devono sacrificare, sempre più, gli aspetti legati ai bisogni personali e all'autonomia.

Ciascun partner perde i confini personali e la sua capacità di scelta autonoma e non è più in grado di dire di no all'altro, prendendosi cura dei propri bisogni. La priorità è essere il "Genitore amorevole" o "Figlio/a devoto/a" del partner e questo porta a dover sacrificare le parti di sé a cui non piace questo condizionamento.

Per esempio, un marito che trova piacere nell'andare in barca a vela, rinuncia a questa sua passione, perché la moglie soffre di mal di mare. La moglie che trova piacere nel giocare a tennis, rinuncia a quest'attività, perché al marito non piace. Alla fine, entrambi si trovano insoddisfatti nel fare qualcosa che non piace a nessuno dei due.

L'aspetto più deleterio della "Dinamica di vincolo positiva", è la perdita della capacità di dialogare e di affrontare adeguatamente i conflitti. Nessuno dei due partner può comunicare ciò che pensa veramente, perché crede di far del male e ferire l'altra persona.

In questa dinamica le reazioni negative sono assolutamente vietate e tutti i dissapori e i contrasti devono essere nascosti e ignorati. I propri bisogni o disagi sembrano irragionevoli o egoistici; ogni elemento di contrasto è messo da parte e tenuto nascosto. Niente deve mettere in pericolo la presunta armonia della coppia.

Si crede di essere in una relazione completa con l'altra persona, ma la relazione avviene solo nell'ambito ristretto della parte "Genitore amorevole" e del "Bambino interiore".

Le nostre parti adulte, che possono creare una reale uguaglianza di rapporto e il rispetto dei bisogni individuali, sono escluse, sempre più, dalla relazione. È

190

come se ciascun partner si muovesse su una sola gamba,
appoggiandosi all'altro. Ciascun partner sacrifica la
propria individualità e scopre, alla fine, di non saper più
camminare da solo/a.

Solo essendo consapevoli e prendendo le distanze da questa "Dinamica di vincolo positiva" si ottiene un rapporto tra uguali, nel quale ciascuno può dare il suo contributo unico, basandosi sulla valorizzazione delle differenze.

La dinamica di vincolo negativa.

Come puoi immaginare, la "Dinamica di vincolo positiva" non dura in eterno e tende a trasformarsi, molto rapidamente, in negativa, specialmente se non si è consapevoli della sua esistenza.

Ecco di cosa si tratta:

La dinamica di vincolo negativa è uno schema
relazionale in cui i partner si rapportano
prevalentemente dal lato del "Genitore critico e
giudicante" e del "Bambino vittima o ritirato".

Altri tipi di rapporto caratterizzati dalla dinamica di vincolo negativa sono i seguenti:

• Madre direttiva - Figlio sottomesso.

- Madre rimproverante - Figlio colpevole o goffo e maldestro.

- Madre incalzante, tormentante - Figlio sfuggente, sempre inadeguato.

- Padre Impersonale Ritirato - Figlia bisognosa.

- Padre onnipotente - Figlia Ribelle.

- Padre giudicante - Figlia inadeguata, colpevole, ribelle.

Come abbiamo visto, il nostro Genitore interno può esprimersi anche in maniera critica e giudicante, oppure minacciando e intimidendo gli altri. Il nostro Bambino interno può reagire a questi atteggiamenti facendo la vittima, oppure ritirandosi in se stesso. Questo è proprio ciò che succede all'interno della "Dinamica di vincolo negativa".

All'interno di questa dinamica emergono le emozioni negative tipiche della crisi di coppia: il disagio, la sfiducia, la rabbia, la paura, l'ansia, il disprezzo, la gelosia, l'invidia, la noia, la freddezza, l'indifferenza, il disamore, ecc.

Come puoi comprendere, si vive l'altra faccia della medaglia: come la dinamica di vincolo positiva non permetteva di esprimere nessuna negatività verso il partner, quella negativa non permette d'esprimere nessun sentimento positivo.

La "Dinamica di vincolo negativa" è il principale fattore scatenante della crisi di coppia e, alcune volte, è talmente forte da portare alla distruzione del rapporto. In questi casi le emozioni negative della sfiducia, della rabbia e del disprezzo sono talmente forti da portare alla separazione. Si dubita di poter salvare la relazione e subentra la convinzione che tutti i rapporti di coppia finiscano in un vicolo cieco.

Nella Dinamica di vincolo negativa il rapporto è fondamentalmente tra un Genitore critico, rimproverante o autoritario e un Bambino sottomesso e vittima, oppure ritirato e inadeguato.

È più facile cadere nella dinamica di vincolo negativa, quando si è molto stanchi e non ci si prende cura di se stessi, della propria vulnerabilità e, ad esempio, non si rispettano le ore riposo, non si mangia adeguatamente, si è stressati dal lavoro, ecc.

Ogni volta che non ci prendiamo cura di noi stessi, il nostro sé consapevole se ne va, allora può subentrare la dinamica di vincolo negativa.

Vediamo un esempio:

Carlo loda spesso Maria per la sua bravura culinaria. In questo modo, lei si sente valorizzata dai suoi apprezzamenti e dedica molto tempo a preparare i "piattini" che tanto gli piacciono.

Entrambi traggono piacere da questa situazione, che è una tipica dinamica positiva. Carlo esprime la sua parte di "Padre benevolo" che loda la parte di Maria di "Figlia devota". Maria esprime la sua parte di "Madre premurosa ", che accudisce ai bisogni di "Figlio coccolato" di Carlo.

Un giorno, però, Carlo torna a casa dopo una giornata di lavoro stressante, che lo ha messo a terra. Maria ha fatto, come sempre, del suo meglio in cucina ma quella sera è in ritardo nei suoi preparativi. Lui brontola un po' e lei accelera la preparazione.

Mangiano e, a certo punto, Carlo dice: "Questo piatto non sa di niente, manca di spezie". Maria ci resta molto male. La sua parte di "Bambina devota" si aspettava la solita riconoscenza da parte di Carlo. Ora emerge, invece, la sua parte di "Figlia frustrata", che la fa scattare come una molla nella "Madre vendicativa".

Maria risponde: "Un'altra volta prepara tu da mangiare". Questa reazione di Maria getta Carlo nella sua parte di "Figlio mortificato". In breve tempo, la dinamica di vincolo si è trasformata da positiva in negativa.

Un esempio di dinamica di vincolo negativa.

Se i due partner avessero la nozione della Dinamica di vincolo, avrebbero la possibilità di elaborare le difficoltà e i conflitti ripetitivi, che danneggiano il loro rapporto. Purtroppo, nella maggioranza dei casi non è così; mentre tu, ora, sei tra i pochi che conoscono questo segreto...

Riprendiamo l'esempio di Roberto e Nadia, per comprendere meglio come funziona la Dinamica di vincolo e come si trasforma da positiva in negativa.

Come già sai, Roberto è un uomo meticoloso, razionale e controllato e i suoi sé rinnegati sono esattamente l'opposto di ciascuna di queste sue caratteristiche. Sua moglie Nadia incarna la maggior parte delle energie rinnegate di Roberto. Lei è una donna molto emotiva, che prende la vita così come viene e non si

194

preoccupa, di certo, se la casa è in disordine. Le caratteristiche primarie di Nadia sono quelli dell'emotività, dell'essere molto sentimentale e sensuale.

Questa diversità, come sai, ha attirato Roberto che si è innamorato di Nadia e viceversa. Come abbiamo visto, l'attrazione tra Roberto e Nadia è stata molto intensa, all'inizio del loro rapporto, proprio perché ciascuno di loro rappresentava le caratteristiche rinnegate dell'altro. Ma ora, Roberto e Nadia cominciano ad avere delle difficoltà, specialmente da quando è nato il loro figlio Matteo.

Col passare del tempo, sono riemersi gli aspetti primari di entrambi e sono iniziati i problemi. Come puoi immaginare, a Roberto non piace tornare la sera, dopo una dura giornata di lavoro, e trovare la casa sotto sopra, piena di disordine e di cose del bambino dappertutto. Il modo di vivere di Nadia, che una volta lo attirava molto, gli è diventato insopportabile, proprio perché rappresenta i suoi sé rinnegati.

Roberto, allora, comincia a criticare Nadia dicendole che dovrebbe essere più organizzata e pulita, che non dovrebbe lasciarsi andare in questo modo, che non dovrebbe stare con il bambino in quella maniera così apprensiva, che non dovrebbe...

Insomma, come puoi ben capire, Roberto è sempre più irritato con la moglie e si comporta, sempre di più, come un PADRE CRITICO, piuttosto che come un marito e un compagno.

Naturalmente, Nadia si mette sulla difensiva e reagisce alle critiche del marito sentendosi sempre più frustrata e ansiosa. Nadia si sente, sempre più, in una situazione simile a quella che viveva da ragazzina, in casa dei suoi genitori, dove suo padre la rimproverava continuamente per la sua mancanza d'ordine. Nadia si ricorda che, già allora, non riusciva mai a soddisfare le richieste di suo padre; così aveva smesso del tutto ed era diventata più disordinata come forma di ribellione nei confronti del padre.

Qui puoi notare l'emergere del "copione affettivo inconscio" di Nadia, che ripete, con il marito, quello che ha vissuto con suo padre. Nadia diventa, infatti, ancora più trascurata e disordinata, perché emerge, a livello inconscio, la FIGLIA RIBELLE, come reazione al PADRE CRITICO di Roberto.

Come puoi vedere, un nuovo scenario comincia a emergere nel rapporto tra Roberto e Nadia, e comprendi che la loro Dinamica di vincolo si sta trasformando, sempre più, da positiva in negativa.

Ora, Roberto giudica negativamente le caratteristiche di Nadia che lo avevano attratto. Roberto è molto arrabbiato nei confronti di Nadia e si sente attirato da altre donne. Lui comincia a fantasticare di avere un'altra relazione.

Stai cominciando a vedere l'insorgere della Dinamica di vincolo negativa in questa coppia? Purtroppo, Roberto e Nadia non conoscono l'esistenza di questa dinamica e nessuno dei due comprende che cosa sta accadendo. Entrambi si sentono infelici e delusi e sembrano incapaci di rapportarsi in maniera diversa.

Ma se tu guardi alla loro situazione considerando i loro sé rinnegati e la Dinamica di vincolo, allora hai un quadro chiaro di ciò che sta accadendo.

Come ben sai, Roberto e Nadia si sono attratti e sposati, perché ciascuno di loro rappresenta i sé rinnegati dell'altro. Loro lo hanno fatto senza conoscere le reali implicazioni di tutto questo.

Tieni presente che non è una situazione strana o inusuale. È molto tipica e, a un certo punto, è vissuta dalla maggioranza delle coppie. Caratteristico è anche il fatto che questa dinamica è messa in atto in maniera inconsapevole.

Roberto e Nadia spesso scherzavano sul fatto d'essere così diversi, ma sino a quando la Dinamica di vincolo è positiva, non ci sono problemi. Ma quando la Dinamica di vincolo diventa negativa, non c'è più niente di divertente e comincia la lotta per il potere.

Come hai già compreso, Roberto e Nadia hanno sviluppato, all'inizio del loro rapporto, una Dinamica di vincolo positiva in cui lui si comportava da PADRE BENEVOLO nei confronti della FIGLIA RICONOSCENTE. Lei, di rimando, si comportava come una MADRE PREMUROSA nei confronti del FIGLIO RICONOSCENTE di lui.

Sino a quando questa dinamica è durata, è andato tutto bene. Ma permettimi di sottolineare che questa dinamica non è stata sviluppata in maniera consapevole ed è questo che l'ha portata a trasformarsi in negativa. Inoltre, sia Roberto, sia Nadia, non si sono abituati a rapportarsi in base al loro Sé consapevole.

Tutto questo è cambiato con la nascita del loro figlio, che è stata il catalizzatore, la miccia che ha appiccato il fuoco alle polveri della Dinamica di vincolo negativa. Forse ti chiederai: ma perché? La risposta è semplice: tutti e due si sono sentiti sopraffatti e vulnerabili, restando tuttavia inconsapevoli delle loro emozioni.

Come puoi immaginare, il loro Bambino interiore è rinnegato e, come molti partner, Roberto e Nadia non sono capaci di comunicare sulla base della loro vulnerabilità. Ciascuno dei due partner mette in atto i meccanismi di difesa, che ha utilizzato in passato, in maniera automatica e inconscia.

Nadia si lascia andare un po' di più che in passato. Con il crescere della pressione e delle ansie, dovute alla cura del bambino, la sua disorganizzazione e disattenzione ai dettagli diventa ancor maggiore. Roberto, a sua volta, si sente ancor più ansioso per l'accresciuta responsabilità dell'essere padre e s'impegna a lavorare più duramente per compensare il suo sentimento di vulnerabilità.

Naturalmente, le sue caratteristiche primarie ritornano a galla e il suo bisogno di ordine e organizzazione si fa sentire ancor più forte. Questo è il suo modo tipico di gestire le sue ansie riguardo al denaro e alla responsabilità di una famiglia più grande.

Come puoi ben capire, tutto questo lo spinge a comportarsi sempre più come un Padre negativo nei confronti di Nadia, che tratta come una bambina incapace di gestire la casa e la vita famigliare. Il ruolo di Padre benevolo, che aveva nel passato, è del tutto sparito e quello di partner, alla pari, non appare all'orizzonte.

Ovviamente, anche Nadia reagisce alla situazione ricorrendo, sempre più, ai suoi sé primari. Si interessa sempre meno a ciò che le accade attorno e si concentra solo sul bambino che, però, accudisce con sempre maggiore ansia.

Tutto questo è veramente tipico di ciò che accade in una relazione, quando entra in una Dinamica di vincolo negativa. I

198

"Il Segreto dell'Attrazione nella coppia"

Scopri il segreto dell'attrazione, dell'innamoramento e della scelta del partner.

partner tendono a identificarsi, in modo estremo, con le loro caratteristiche primarie e si trattano come un Genitore considera un Bambino. L'accettazione del modo di essere dell'altro è sempre più difficile.

Analizziamo, ora, più attentamente, quali sono le caratteristiche tipiche della Dinamica di vincolo negativa:

1. Il catalizzatore è, di solito, un evento che attiva la vulnerabilità dei partner.

2. Il carburante, che alimenta la dinamica, si trova nei sé rinnegati presenti nei due partner, che sono complementari.

3. I partner si rapportano, tra loro, prevalentemente con le loro parti di Padre e Bambino, per l'uomo, e di Madre e Bambina per la donna.

Come già sai, il catalizzatore della Dinamica di vincolo negativa tra Roberto e Nadia è stata la vulnerabilità risvegliata dalla nascita del loro figlio Matteo, con le nuove pressioni e impegni che ne sono derivati.

Gli aspetti rinnegati costituiscono il carburante che mantiene viva la Dinamica di vincolo negativa. Roberto e Nadia sono l'opposto per vari aspetti. Roberto è sempre più identificato con la sua parte razionale e ha bisogno di controllare tutti i dettagli della sua vita. Egli rinnega i suoi aspetti emotivi e più rilassati, che Nadia, invece, ha come sé primari.

Ovviamente l'atteggiamento disorganizzato e rilassato di Nadia è diventato uno dei carburanti della loro Dinamica di vincolo negativa. Questo atteggiamento di Nadia rinforza il Padre negativo e critico che è vivo in lui. D'altra parte, il Bambino interno di lui si sente più spaventato per la nuova responsabilità paterna e per l'emergere della Madre giudicante di Nadia.

Da parte sua, Nadia rinnega i suoi aspetti più razionali ed è orgogliosa del suo approccio rilassato alla vita. Nei primi tempi della loro relazione, la razionalità e l'ordine di Roberto le piacevano molto. Ora, li giudica molto negativamente ed emerge la sua parte di Madre giudicante, che non sopporta l'attenzione ai dettagli di Roberto.

Nadia comincia anche a sentirsi meno attratta sessualmente da Roberto. Come puoi immaginare, più emerge il Padre giudicante di lui, tanto più Nadia diventa aggressiva e ribelle, esattamente come aveva fatto con il suo vero padre.

Come puoi vedere gli aspetti rinnegati di Nadia diventano il carburante per l'aspetto di madre e di figlia di Nadia.

Qui puoi osservare come le dinamiche di vincolo sono molto simili a quelle che abbiamo vissuto nel passato con i nostri genitori. Noi ricreiamo il nostro passato. Ricreiamo la relazione che avevamo con i nostri genitori e quella che loro avevano con noi, oppure andiamo all'estremo opposto e ci ribelliamo contro il loro comportamento verso di noi.

Nel nostro esempio, Roberto ha cominciato a criticare e giudicare Nadia nello stesso modo in cui suo padre criticava e giudicava sua madre. Nadia, a sua volta, rispondeva come una figlia, prima ferita, poi ribelle, esattamente come faceva con suo padre. La dinamica di vincolo negativa è, quindi, tra il Padre giudicante di Roberto e la Figlia ribelle di Nadia.

200

Nelle dinamiche di vincolo c'è sempre, a un certo livello, anche lo schema inverso in azione. In questo caso, c'è la Madre giudicante di Nadia che si lega con il figlio ansioso di Roberto.

Questa è una riproposizione di quello che è successo a Roberto nel suo rapporto con il padre reale, che era molto critico, e aveva determinato l'emergere del figlio ansioso di lui, quando egli era ancora in famiglia.

Come puoi osservare, le dinamiche di vincolo, si formano senza che vi sia consapevolezza, e causano molta infelicità e confusione. La dinamica di vincolo rappresenta la ragione principale della fine dell'attrazione e dei sentimenti di amore nella relazione di coppia.

La nascita di un figlio e la fine dell'attrazione.

Mentre esamini ogni parola di questo paragrafo, inizi a scoprire un'altra causa principale della fine dell'attrazione nella coppia: la nascita di un figlio.

Ma come, ti chiederai: in genere la nascita di un figlio è festeggiata con gran gioia. Perché questa nascita dovrebbe essere un fattore di crisi? Perché l'attrazione dovrebbe sparire con la nascita di un figlio?

Per rispondere a queste domande è necessario superare alcune credenze comuni, molto diffuse dalla pubblicità e dai mass media. Probabilmente sai già che la nascita di un figlio, non è solo un evento idilliaco, come una certa pubblicità ci vorrebbe far credere.

Certo, all'inizio, questa nascita costituisce un elemento di gran gioia per ogni membro della famiglia, eccetto forse per l'eventuale fratello o sorella, che si vede sottrarre molta dell'attenzione dei genitori che aveva in precedenza.

In molti casi la nascita di un figlio riapre un nuovo periodo d'innamoramento nella coppia, perché tutto è meraviglioso e il Bambino interiore dei genitori si sente al sicuro.

Che cosa succede, però, se una coppia ha sviluppato una Dinamica di vincolo al momento della nascita?

Come puoi ben immaginare, all'inizio quest'evento rinforza la Dinamica di vincolo positiva, ma questa dura poco e, come abbiamo visto nel caso concreto di Roberto e Nadia, si trasforma rapidamente in negativa.

È lo sviluppo di questo schema che voglio mostrarti in queste pagine.

Come puoi immaginare, è indispensabile che tra la madre e il neonato si formi una forte dinamica di vincolo positiva nei primi mesi di vita, e questo è quello che è successo tra Nadia e suo figlio Matteo.

Come sai, senza questo contatto intimo con la madre, il neonato soffrirebbe molto. Questo vincolo, molto forte, tra madre e neonato è fondamentale per la sua crescita. Esso costituisce la Dinamica di vincolo originaria, su cui si strutturano quelle successive. Matteo è, quindi, molto fortunato nel trovare in Nadia una madre molto premurosa, che si lega con il figlio con sentimenti molto positivi e intensi.

Quello che, di solito, non si considera è che la forte intimità di questo legame madre – figlio può creare qualche problema al padre. Questo è un punto molto importante e tu, sicuramente, ne capisci la centralità.

Che cosa succede, nel profondo della psiche del padre, con la nascita di un figlio? Vediamolo nel caso concreto di Roberto.

Prima della nascita di Matteo sua moglie Nadia era molto più disponibile a soddisfare i bisogni del marito. Ora, egli deve condividere con il figlio il rapporto con la moglie.

La parte di padre di Roberto accetta di buon grado tutto questo, ma il suo Bambino interiore la pensa diversamente.

Come puoi immaginare, l'energia e l'attenzione che Nadia può mettere a disposizione del rapporto con il marito sono veramente poche. L'accudire a un neonato richiede molto tempo ed energia e molte donne, come è successo a Nadia, escono sfinite da questa prova.

Un altro aspetto, molto importante, è che la Bambina interire di Nadia si sente completamente al sicuro e gratificata nel rapporto con il neonato, che la ama incondizionatamente. Questo l'allontana ancor di più dal rapporto con Roberto.

Tieni presente, che gli uomini di oggi si comportano in modi molto diversi di fronte alla nascita di un figlio. Alcuni, sempre più numerosi, s'impegnano nella paternità e partecipano alle cure del neonato con altrettanto entusiasmo della madre. Molti altri, invece, si ritirano e lasciano che si instauri da solo il naturale legame tra il neonato e la madre.

Questi uomini non gestiscono attivamente il loro ruolo di padre e si dedicano sempre più al lavoro o ai loro hobby, come forma di difesa del riemergere della loro vulnerabilità. Questa, purtroppo, è la scelta che inconsapevolmente ha realizzato anche Roberto.

Qui i problemi sorgono quando l'uomo comincia a sentirsi deprivato affettivamente e sessualmente. Alcuni uomini hanno coscienza di questi sentimenti, altri, invece, non hanno la benché minima consapevolezza di ciò che sta succedendo.

Un grosso problema è costituito dal fatto che la donna, in questo periodo, ha un legame molto intenso con il bambino e prova un desiderio sessuale limitato. Molti uomini, invece, provano un forte desiderio sessuale.

Questo è ciò che è successo a Roberto. La sua vulnerabilità stava riemergendo. Il suo Bambino interno viveva una situazione di rinnovata frustrazione, perché è arrivato un altro a disputargli la sua parte di attenzioni. Roberto, quindi, ha cercato un maggior contatto con Nadia per sentirsi vicino a lei e anche per provare il suo potere sulla relazione attraverso la sua capacità sessuale.

Come vedi i bisogni del padre possono essere molto diversi da quelli della partner.

Il partner come maestro.

Forse ti domanderai: ma c'è un modo per contrastare la fine dell'attrazione nella coppia. Questa lo puoi scoprire considerando le ultime due leggi psichiche. Vediamole più in dettaglio:

La sesta legge psichica afferma che:

"Ogni persona che sopravvalutiamo, oppure giudichiamo negativamente rappresenta un insegnamento per noi, se possiamo fare un passo indietro e vedere come, alla base della nostra reazione, c'è un nostro sé rinnegato".

Questa legge esprime il paradosso dei sé rinnegati: noi siamo attirati verso quelle persone che personificano le caratteristiche che abbiamo rinnegato. La vita ci confronta continuamente con le persone che rappresentano i nostri sé rinnegati. Questo succederà sino a quando non cominceremo a recuperare e integrare, dentro di noi, questi sé rinnegati.

Se i due partner avessero la nozione dei sé primari e rinnegati, allora saprebbero elaborare le difficoltà e i conflitti che insorgono tra loro.

Nel momento in cui comprendi che l'altra persona incarna alcuni tuoi sé rinnegati e ti ha attratto proprio per questo, allora il tuo rapporto con lei ti sembrerà completamente diverso. Tutte le persone che incontri nella tua vita possono insegnarti qualcosa, ma quella con cui realizzi un rapporto di coppia diventa il tuo insegnante privilegiato.

Ricordati: la persona con cui hai creato il tuo rapporto di coppia è la tua maestra. Si può affermare che, le differenze apparentemente inconciliabili dei rapporti di coppia, le situazioni in cui ci scontriamo con i se rinnegati che ci sono rispecchiati dall'altra persona, sono le nostre occasioni migliori per crescere.

Questo è un aspetto molto importante della relazione di coppia. La persona con cui abbiamo creato una relazione di coppia è la nostra più grande insegnante.

Le differenze apparentemente inconciliabili dei rapporti di coppia, le situazioni in cui ci scontriamo con i sé rinnegati che ci sono rispecchiati dall'altra persona, sono occasioni per crescere.

Alle nostre caratteristiche primarie non piace quello che vedono riflesso dall'altra persona (proprio perché essa rappresenta i nostri sé rinnegati), ma quando ci separiamo da loro e consideriamo la situazione da una prospettiva più ampia, allora un altro mondo si apre di fronte a noi.

Consideriamo, infine, la settima legge psichica, che afferma:

Sino a quando un sé è rinnegato dentro di noi, continueremo ad attrarre quel particolare tipo di energia nella nostra vita. Saremo attratti da persone che troveremo meravigliose e irresistibili, ma che ci faranno sentire inadeguati, inferiori e non degni.
Saremo attratti da persone che giudichiamo negativamente, rifiutiamo e odiamo, sino a che, finalmente, comprenderemo il messaggio che esse sono un "riflesso" di ciò che è rinnegato in noi stessi. Tutto questo

"Il Segreto dell'Attrazione nella coppia"
Scopri il segreto dell'attrazione, dell'innamoramento e della scelta del partner.

continuerà ad accadere sino a quando comprenderemo
che queste persone ci stanno semplicemente mostrando
aspetti di noi stessi che abbiamo rinnegato.

Cominciamo a scorgere il valore delle caratteristiche primarie dell'altra persona e ci rendiamo conto di che cosa abbiamo rinnegato e che, ora, abbiamo la possibilità di reintegrare in noi stessi.

Quando impariamo la lezione, che ci proviene dall'altra persona e recuperiamo i nostri sé rinnegati, anche il rapporto rifiorisce e il partner, che prima ci sembrava impossibile (per esempio, troppo emotivo o troppo razionale), improvvisamente va di nuovo bene e siamo contenti di stare ancora insieme a lui o lei.

Ma come puoi imparare le lezioni che la relazione ti può insegnare?

La prima cosa da fare è cominciare a pensare alla tua relazione in un modo nuovo. Considera i tanti aspetti, tuoi e dell'altra persona, che si manifestano nella tua relazione di coppia. In questo modo, puoi già cambiare il tuo atteggiamento verso l'altra persona e la relazione che hai con lei.

Vediamo un esempio concreto.

Oggi, trovi il tuo partner particolarmente irritante, perché si sta facendo tranquillamente la colazione, mentre tu sei super indaffarata a sistemare un mucchio di cose.

L'atteggiamento di tuo marito, che è molto diverso dal tuo, ti fa infuriare. Lui se ne sta lì, tranquillo, a godersi la sua colazione e non si occupa di tutte le cose che, invece, devi fare tu.

Tu hai mille cose da fare e non hai mai tempo. Guardi la tua agenda, piena d'impegni, è vorresti che si desse una smossa anche lui. Sotto questo aspetto tu e lui siete veramente l'opposto l'uno dell'altra.

Il suo atteggiamento rilassato, che all'inizio ti piaceva, ora ti dà molto fastidio; alcune volte non lo sopporti proprio.

Ecco, lui ti rispecchia un tuo sé rinnegato e, ora, tu sei di fronte a un bivio. Puoi scegliere la strada che t'indica il tuo sé primario dell'Attivista e allora ti darai sempre più da fare, ma aumenterà anche il tuo risentimento nei confronti del tuo partner, così diverso da te. Oppure puoi fare un passo indietro (come t'indica la settima legge psichica) e considerare che ti trovi davanti a un aspetto che hai rinnegato in te stessa.

Naturalmente, io t'incoraggerei a percorrere questa seconda strada.

Se scegli questa seconda strada puoi vedere il tuo partner come qualcuno che ti può insegnare qualcosa, proprio perché è diverso da te.

Allora ti chiedi: qual è la lezione che posso imparare?

Dopotutto, perché dovresti stare male? Perché rovinare un buon rapporto, solo perché tuo marito sa godersi una buona colazione la mattina! Può essere qualcosa di positivo se anche tu imparassi rilassarti come fa lui.

Questo è un esempio concreto di come il tuo partner può essere il tuo insegnante. Questo dimostra il predominio di una caratteristica primaria nella tua vita. Si tratta dell'Attivista, che è un sé primario molto comune, presente nelle persone sempre

208

indaffarate a far qualcosa e con l'agenda sempre piena d'impegni. Il tuo partner, al contrario, ha la caratteristica primaria opposta di essere più rilassato e tranquillo.

Come puoi immaginare, tu hai rinnegato questo aspetto che, invece, è dominante in lui. Se consideri il tuo partner come qualcuno che ti può insegnare qualcosa in questo campo, allora sei in grado di riconoscere il tuo Attivista interiore e di prendere le distanze da questo aspetto che, sinora, ha dominato la tua vita. Allora guardi alla tua vita in modo più rilassato, senza sentirti continuamente sotto pressione.

Puoi fare tranquillamente la tua colazione all'inizio della giornata, e permetterti d'integrare il sé più rilassato di cui il tuo partner è portatore. Questo vorrebbe dire che, è il tuo Sé consapevole che governa la tua giornata e non il tuo Attivista.

Capisci che grande differenza farebbe tutto questo nella tua vita e nella tua relazione di coppia. Quando prendi le distanze dal tuo attivista, non guardi più alla tua vita solo attraverso i suoi occhiali. Allora la tua vita non è più una serie di obblighi e impegni stressanti. Il tuo partner non t'irrita più, come faceva in precedenza, quando era la tua parte attivista che ti faceva giudicare negativamente il suo comportamento.

Ora, lui è diventato il tuo maestro.

Epilogo.

Dopo aver letto tutti i capitoli di questo libro, molto probabilmente proverai un senso di preoccupazione misto a gioia. Finalmente conosci il Segreto dell'Attrazione nella coppia. Hai capito che si tratta di un insieme di segreti, che hanno a che fare con la Legge dell'Attrazione e le Leggi psichiche.

Il segreto più importante è quello di saper comunicare, oltre che difendere, la nostra vulnerabilità all'interno del rapporto di coppia. A questo proposito vorrei concludere questo testo con una favola, che è citata nell'ultimo libro di Hal e Sidra Stone, e s'intitola: **La fanciulla delle stelle.**

C'era una volta un pastore della savana che allevava mucche in una fattoria nel deserto. La sua vita trascorreva in modo sereno e semplice, ma si sentiva solo. Una mattina, mentre si recava a mungere le mucche, si accorse che erano già state munte. Non riusciva a immaginare chi fosse stato, ma la mattina seguente di nuovo vide che le mucche erano state munte durante la notte.

Il pastore decise allora di nascondersi dietro un cespuglio per scoprire chi fosse stato e, poco prima di mezzanotte, vidi una scena straordinaria: da una scala nel cielo scendeva giù una moltitudine di fanciulle. La loro bellezza lo lasciò senza respiro. Ognuna portava con sé un secchio e, appena toccava terra, cominciava a mungere le

"Il Segreto dell'Attrazione nella coppia"
Scopri il segreto dell'attrazione, dell'innamoramento e della scelta del partner.

mucche. Continuarono a mungere tutta la notte e, quando si avvicinò all'alba, ritornarono su in cielo, risalendo la scala una per volta.

Il pastore era molto triste che le fanciulle se ne andassero e, perciò, quando l'ultima stava per avvicinarsi alla scala, uscì fuori dal suo nascondiglio, la afferrò per la mano e le chiese di diventare sua moglie.

Per quanto possa sembrare strano, la magica fanciulla fu felice di sposare il semplice pastore.

Una volta a casa la moglie disse a suo marito: sono contenta di averti sposato e ti assicuro che la fattoria continuerà a prosperare, ma a una condizione. Devi promettermi che non aprirai mai lo scrigno che ho con me. Se lo aprirai, sarò costretta ad abbandonarti. Allora la fanciulla depose il suo scrigno in un angolo della stanza e la loro vita in comune ebbe inizio.

Come previsto, la fattoria diventò una delle più prospere della zona: tutti giorni la donna andava nei campi a lavorare e tutto quello che faceva sembrava benedetto dagli dei. Il pastore era un uomo felice e, col passare degli anni, crescevano l'amore e la gratitudine per sua moglie.

Un pomeriggio, mentre lei era nei campi, il pastore ritornò in casa a cercare qualcosa e per caso s'imbatté nello scrigno che era stato messo da parte tanti anni prima. Benché si ricordasse dell'ingiunzione di sua moglie, non diede tanta importanza alla cosa: prese lo scrigno, lo pose sul tavolo e l'aprì, ma con grande sorpresa si accorse che era vuoto.

Dopo un po' la fanciulla delle stelle ritorno dai campi e, entrata nella stanza, si accorse subito di quanto era successo. Allora si rivolse a suo marito con queste parole: tempo fa ti avevo chiesto di non aprire mai lo scrigno perché era molto speciale per me. Ti avevo detto anche che, se lo avessi fatto, ti avrei abbandonato. Hai violato il giuramento e questa sera stessa io ti lascerò.

Voglio, però, che tu ne capisca la ragione: non ti abbandono perché hai aperto lo scrigno senza il permesso; dopo tutti questi anni poteva anche succedere. Ti lascio perché, quando hai aperto lo scrigno non ci hai trovato nulla. È per questo che non posso più stare con te.

E così, quando calò la notte, la fanciulla delle stelle salì la scala per ritornare in cielo, non perché il marito aveva infranto il giuramento, ma perché egli aveva guardato all'interno di ciò che lei possedeva di più prezioso e non vi aveva trovato niente. Lui era stato cieco verso la sua magia e la fanciulla delle stelle non poteva più stare con lui.

E mentre stai pensando al significato di questa favola, la tua attenzione si concentrerà, di sicuro, sullo scrigno donato dalla fanciulla delle stelle al pastore. Perché la fanciulla delle stelle gli regala questo scrigno? Che cosa conteneva questo scrigno? Perché, quando il marito lo apre, non ci trova niente? Perché il marito è abbandonato dopo aver aperto lo scrigno? Sicuramente, queste e altre domande affollano la tua mente.

Ora, vorrei aiutarti a dare una risposta a queste domande, utilizzando alcuni segreti descritti in questo libro.

Probabilmente hai già capito che lo scrigno rappresenta la nostra essenza, la parte più preziosa e intima di noi, quella più vicina

212

alla nostra anima. Ma permettimi di darti un'indicazione ulteriore: il contenuto dello scrigno, che doniamo alla persona amata quando c'innamoriamo, è il nostro Bambini interiore, che è la parte di noi più vicina alla nostra essenza, alla nostra anima.

Sì, questo era il contenuto dello scrigno donato dalla fanciulla delle stelle al pastore; infatti, perché lei lo ha lasciato? Perché, quando il pastore ha aperto lo scrigno, non ci ha trovato nulla. Per questo motivo la fanciulla delle stelle non poteva più stare con lui.

Ti domando: non è forse questo che succede nelle relazioni di coppia, dopo l'iniziale fase dell'attrazione e dell'innamoramento? Purtroppo, in molti casi sì.

Come hai compreso bene, tutti noi abbiamo uno scrigno segreto, che contiene il nostro Bambino interiore, la parte di noi più vicina alla nostra essenza, ciò che abbiamo di più prezioso nel nostro animo. Quando c'innamoriamo, ci doniamo reciprocamente il nostro scrigno, che contiene il nostro Bambino interiore.

Poi sopraggiungono i problemi della vita e facciamo, di nuovo, affidamento sulle nostre vecchie difese. Riemergono le nostre posizioni di potere, e rinneghiamo, di nuovo, la nostra vulnerabilità.

Ci sentiamo spinti a impegnarci di più nel lavoro, a rincorrere il successo. S'instaura, quindi, la dinamica di vincolo e ci rapportiamo, sempre più, con le nostre parti di padre e madre e di figlio e figlia.

Le parti dell'altra persona che, all'inizio, ti hanno attirato, perché corrispondevano ai tuoi sé rinnegati, si trasformano in qualcosa d'incomprensibile che ti dà profondo fastidio e ti provoca insofferenza. Poco alla volta, la dinamica di vincolo si trasforma da positiva in negativa e l'attrazione iniziale lascia il posto alla critica e al giudizio negativo.

Alla fine, un giorno si scopre che l'attrazione e l'amore sono svaniti quasi del tutto. Allora, quando guardiamo nello scrigno del partner ci appare vuoto. Si prova, quindi, una profonda infelicità, delusione e confusione. Ti rendi conto che il rapporto di coppia sembra finito, anche se si continua a vivere assieme.

Ma non è vero che tutto questo porti inevitabilmente alla fine del rapporto. Ora, che conosci le cause principali dell'inizio e della fine dell'attrazione, puoi vedere la situazione in modo totalmente nuovo e agire diversamente. Conosci la causa, ma anche la cura: si tratta di riscoprire la tua vulnerabilità, comunicandola adeguatamente all'altra persona, attraverso il tuo Sé consapevole.

Non sarebbe sorprendente se tu riuscissi a entrare in contatto con il tuo Bambino interiore e la tua vulnerabilità, comunicandola adeguatamente al partner? Questo cambierebbe completamente il tuo rapporto di coppia.

Bisogna essere disposti a imparare le lezioni che la relazione può insegnarti. Occorre prendersi del tempo per entrare in contatto con il proprio Bambino interiore. È necessaria un'integrazione delle nostre parti potenti e di quelle vulnerabili. Solo allora, quando apriremo il nostro scrigno e quello dell'altra persona, scopriremo che non è vuoto.

Note sull'autore.

Erio Maffi è Psicologo e Psicoterapeuta iscritto all'Ordine degli Psicologi della Regione Toscana. Appassionato di problematiche famigliari e di copppia si è specializzato su questi argomenti, conseguendo anche una specializzazione post-laurea in Mediazione famigliare riconosciuta dalla Regione Toscana.

Svolge la sua attività in Toscana dove vive con la sua famiglia.

Appassionato di internet gestisce, in collaborazione con la moglie, i seguenti siti sulle problematiche di coppia e altri temi:

www.coppiaincrisi.it

www.coppiaviva.it

www.legge-attrazione.it

www.prodottiinformativi.com

www.benesserepersonale.it

Puoi contattare l'autore inviando una mail al seguente indirizzo di posta elettronica: eriomaffi@email.it

Puoi lasciare una recenzione di questo libro sui seguenti siti:

http://www.coppiaviva.it/blog/index.php?id=az8

http://www.coppiaincrisi.it/blog/index.php?id=ak8

GRAZIE PER AVER ACQUISTATO QUESTO LIBRO